Themenheft Zentralabitur

Deutsche Sprache der Gegenwart

Horst Klösel

Ernst Klett Verlag
Stuttgart · Leipzig

Bildquellen:

Cover, vorn 1: Avenue Images GmbH (Sigrid Olsson), Hamburg; Cover; **vorn 2:** Masterfile Deutschland GmbH (Raymond Forbes), Düsseldorf; Cover, **Mitte:** Masterfile Deutschland GmbH (Marie Blum), Düsseldorf; **Cover, Rücken 1:** Avenue Images GmbH (Sigrid Olsson), Hamburg; Cover; **Rücken 2:** Masterfile Deutschland GmbH (Raymond Forbes), Düsseldorf; **S. 9:** aus: Ammon, Ulrich, Variantenwörterbuch des Deutschen, S. XXXIII, Walter de Gruyter GmbH & Co. KG, Berlin 2004; **S. 14:** Werner König: dtv-Atlas Deutsche Sprache. Illustrationen von Hans-Joachim Paul © 1978 Deutscher Taschenbuch Verlag, München; **S. 17.1:** Corbis (Catherine Karnow), Düsseldorf; **S. 17.2:** laif (Philipp Engelhorn), Köln; **S. 22:** Johnson & Johnson, Düsseldorf; **S. 34:** Übersicht Dialekte: Ein soziolinguistisches Varietäten-Modell aus: Heinrich Löffler. Germanistische Soziolinguistik. Erich Schmidt Verlag, 2. überarb. Aufl. Berlin 1994. S. 86 © Heinrich Löffler, Romanshorn; **S. 37:** (c) European Communities, 1995-2009; **S. 39:** Picture-Alliance (Globus Infografik), Frankfurt; **S. 40.1:** Ullstein Bild GmbH (The Granger Collection, New York), Berlin; **S. 40.2:** AKG, Berlin; **S. 43:** Fotolia LLC (Yuri Arcurs), New York; **S. 43:** Ministerium für Schule und Weiterbildung des Landes Nordrhein-Westfalen, Düsseldorf; **S. 49.1:** SPIEGEL-Verlag Rudolf-Augstein GmbH & Co. KG, Hamburg; **S. 49.2:** SPIEGEL-Verlag Rudolf-Augstein GmbH & Co. KG, Hamburg; **S. 50:** Daniel Spengler, Augsburg; **S. 54:** imago sportfotodienst, Berlin; **S. 68:** shutterstock (Dmitriy Shironosov), New York, NY

Nicht in allen Fällen war es uns möglich, den Rechteinhaber der Abbildungen ausfindig zu machen. Berechtigte Ansprüche werden selbstverständlich im Rahmen der üblichen Vereinbarungen abgegolten.

1. Auflage 1 6 5 4 3 | 13 12 11 10 09

Alle Drucke dieser Auflage sind unverändert und können im Unterricht nebeneinander verwendet werden. Die letzte Zahl bezeichnet das Jahr des Druckes.
Das Werk und seine Teile sind urheberrechtlich geschützt. Jede Nutzung in anderen als den gesetzlich zugelassenen Fällen bedarf der vorherigen schriftlichen Einwilligung des Verlages. Hinweis § 52 a UrhG: Weder das Werk noch seine Teile dürfen ohne eine solche Einwilligung eingescannt und in ein Netzwerk eingestellt werden. Dies gilt auch für Intranets von Schulen und sonstigen Bildungseinrichtungen. Fotomechanische oder andere Wiedergabeverfahren nur mit Genehmigung des Verlages.
Auf verschiedenen Seiten dieses Buches befinden sich Verweise (Links) auf Internet-Adressen. Haftungshinweis: Trotz sorgfältiger inhaltlicher Kontrolle wird die Haftung für die Inhalte der externen Seiten ausgeschlossen. Für den Inhalt dieser externen Seiten sind ausschließlich die Betreiber verantwortlich. Sollten Sie daher auf kostenpflichtige, illegale oder anstößige Inhalte treffen, so bedauern wir dies ausdrücklich und bitten Sie, uns umgehend per E-Mail davon in Kenntnis zu setzen, damit beim Nachdruck der Verweis gelöscht wird.

© Ernst Klett Verlag GmbH, Stuttgart 2009. Alle Rechte vorbehalten. www.klett.de

Autor: Horst Klösel, Stadthagen
Redaktion: Ursula Schwarz
Herstellung: Dea Hädicke, Carina Riehl

Umschlaggestaltung und Layout: one pm, Petra Michel, Stuttgart
Satz: Anne Lehmann, Leipzig
Reproduktion: Meyle & Müller Medienmanagement, Pforzheim
Druck: Mediahaus Biering GmbH, München

Printed in Germany
ISBN 978-3-12-347493-4

Vorwort

Wir sind Zeugen eines tiefgehenden gesellschaftlichen und kulturellen Wandels (gemeint sind die gesellschaftlichen Veränderungen nach dem 2. Weltkrieg, die Entwicklung der Massenmedien einschließlich der neuen Medien, die kommerzielle und kommunikative Globalisierung und die europäische Integration), der zwangsläufig im Bereich der Kommunikation und Sprache zu gravierenden Veränderungen führt. Wie wirken sich die gesellschaftlichen und kulturellen Veränderungen der letzten Jahrzehnte auf die Subsysteme, die Varietäten, der deutschen Gegenwartssprache aus? Wie verändern sich Kommunikationsformen, Textsorten und Sprache unter dem Einfluss der neuen digitalen Medien? Welche Stellung hat die deutsche Sprache innerhalb der Mehrsprachigkeit der Europäischen Union? Stellen die Anglizismen eine Gefahr für den Bestand der deutschen Sprache dar? Sprachkultur oder Sprachverfall? Wie soll der Sprachwandel bewertet werden? Diese Fragen stehen im Zentrum der aktuellen **thematischen Vorgaben** für das Rahmenthema „Reflexion über Sprache und Sprachgebrauch".

Das Arbeitsheft deckt alle Anforderungen der **thematischen Vorgaben** und der eingeforderten **Unterrichtsaspekte** für das niedersächsische Zentralabitur im Fach Deutsch für die Abiturjahrgänge 2010 und 2011 vollständig ab und bereitet Sie gezielt und systematisch auf das Zentralabitur vor.

Die ersten drei **Kapitel** beziehen sich dabei auf das **grundlegende Anforderungsniveau** (gA), die Kapitel 4 und 5 auf das **erhöhte Anforderungsniveau** (eA).

Der Einstieg in das jeweilige Kapitel erfolgt über den sogenannten **Problemhorizont**, der eine erste Orientierungshilfe für die Themen bietet, die im Kapitel behandelt werden. Es werden notwendige Basisinformationen gegeben und richtungweisende Fragestellungen aufgezeigt.

Bei den Kapiteln 1–3 folgt dann eine **Aufgabe zur Selbsteinschätzung**, die unmittelbar in die Kernproblematik des Kapitels einführt und Ihnen zeigt, ob und inwiefern Sie mit der zu behandelnden Materie bereits vertraut sind.

Die Abfolge der Texte und Materialien und die Aufgabenstellungen sind so ausgewählt, dass Sie am Ende des Kapitels die dort beschriebenen **Kompetenzanforderungen (Was Sie wissen müssen/Was Sie können müssen)** erfüllen können. Die analytischen, erörternden und reflektierenden Aufgabenarten dienen dabei unmittelbar der Vorbereitung entsprechender Klausurtypen.

Was Sie wissen müssen: Hier finden Sie in einer **Stichwortsammlung** alle zentralen Begriffe, die Sie zur Wiederholung und Vergegenwärtigung Ihres Wissens nutzen können. Gleichzeitig können diese Begriffe auch dazu dienen, ein eigenes **Glossar** zum Thema „Reflexion über Sprache und Sprachgebrauch" anzulegen.

Was Sie können müssen: Die **Kompetenzbeschreibungen** orientieren sich an den Anforderungen der EPA und den Kompetenzbeschreibungen des niedersächsischen Kerncurriculums für die Oberstufe.

Im Online-Bereich von Klett sind zusätzlich Texte eingestellt, die der Vertiefung des Themas dienen. Auf diese Zusatzmaterialien wird mit einem Online-Link hingewiesen. Der Online-Link funktioniert so:

1. *www.klett.de/online* als Netzadresse in Ihrem Computer eingeben.

2. In das linke obere Feld auf der geöffneten Seite die Linknummer eingeben, entern. Fertig.

Die **Tipps zur Weiterarbeit** bieten außerdem Hinweise zur Erweiterung des Themas. Zusammen mit den **Lektüretipps** eröffnen sie auch Möglichkeiten zu schriftlichen Hausarbeiten und Referaten.

Zur Kontrolle Ihrer Arbeitsergebnisse können Sie die **Lösungen** unter dem Online-Link abrufen.

Hinweis für Lehrerinnen und Lehrer: Unter diesem Link finden Sie auch kostenlose Lehrermaterialien. Diese befinden sich in einem geschützten, anmeldepflichtigen Bereich.

Online Link
· Lösungen
347493-9000

Ich wünsche Ihnen viel Erfolg!

Horst Klösel

Inhalt

Innere Mehrsprachigkeit des Deutschen (Varietäten) und Sprachvielfalt der deutschen Standardsprache (Stile) 6

Problemhorizont: Innere Mehrsprachigkeit – Varietäten und Stile 6

1 Die Gesamtarchitektur der deutschen Sprache: Nationalsprachliche Varianten und Varietäten 7

   1.1 Nationalsprachliche Varianten – Deutsch als plurizentrische Sprache 7
   1.2 Varietäten der deutschen Sprache im Überblick 10
   1.3 Der multidimensionale Varietätenraum 13

2 Ausgewählte Varietäten und Standardsprache 14

   2.1 Regionale Dimension: Dialekte – Funktion, Grenzen und Bewertung 14
   2.2 Soziale Dimension: Gruppensprachen/Sondersprachen – Vielfältige Jugendkulturen und vielfältige Sprachstile von Jugendlichen 17
   2.3 Situative Dimension: Werbesprache – semantische Aufwertungen 22
   2.4 Übergangsvarietäten: Gastarbeiterdeutsch und Lernervarietäten 25

3 Sprachvielfalt der deuschen Standardsprache: Stilebenen, Funktionalstile und Sprachregister 26

   3.1 Das traditionelle Stilschichtenmodell 26
   3.2 Funktionalstile – künstlerischer, fachsprachlicher, publizistischer und alltagssprachlicher Stil 28
   3.3 Sprachregister zwischen sprachlicher Höflichkeit und sprachlicher Tabuverletzung 30

4 Tendenzen der Gegenwartssprache – Verschiebungen im Varietätensystem 32

5 Modelle zur Erfassung der Multidimensionanalität des Varietätenraumes der deutschen Sprache 34

Die deutsche Sprache im Kontext europäischer Mehrsprachigkeit am Beispiel von Politik, Kultur, Wirtschaft und Wissenschaft ... 36

Problemhorizont: Die deutsche Sprache im Kontext der Globalisierung und europäischer Mehrsprachigkeit 36

1 Europäische Mehrsprachigkeit – Sprachenpolitik der EU 37

2 Stellung der deutschen Sprache im Kontext europäischer Mehrsprachigkeit am Beispiel von Politik 39

   Teilthema 1: 23 Amtssprachen in der EU und die Stellung der deutschen Sprache 39

3 Stellung der deutschen Sprache im Kontext europäischer Mehrsprachigkeit am Beispiel von Kultur 42

   Teilthema 2: Europäische Sprachen – europäische Kulturen und Identitäten 42

4 Stellung der deutschen Sprache im Kontext europäischer Mehrsprachigkeit am Beispiel von Wirtschaft 43

   Teilthema 3: Wettbewerbsfähigkeit und Wohlstand durch Sprachkenntnisse 43

5 Stellung der deutschen Sprache im Kontext europäischer Mehrsprachigkeit am Beispiel von Wissenschaft 44

   Teilthema 4: Ist Deutsch noch internationale Wissenschaftssprache? 44

Sprach- und Stilkritik an Tendenzen der deutschen Gegenwartssprache 46

Problemhorizont: Sprachwandel und Sprachkritik 46

1 Deutsch for Sale – die aktuelle publizistische Sprach- und Stilkritik 47

2 Welches Deutsch sprechen wir in fünfzig Jahren? – Sprachwandel 50

3 Ist die deutsche Sprache vom Verfall bedroht? – Sprachwissenschaftliche Positionen 53

4 Richtiges und falsches Deutsch? – Die Sprachglossen von Bastian Sick 54

5 Anglizismen – Bedrohung oder Bereicherung durch Fremdwörter? 56

6 Was ist gutes Deutsch? – Ein Essay von Dieter E. Zimmer 58

Geschriebene Standardsprache und geschriebene Umgangssprache in den neuen Medien 62

Problemhorizont: Medienkommunikation im Kontinuum zwischen
Mündlichkeit und Schriftlichkeit 62

1 Medienkommunikation im Kontinuum von Mündlichkeit und Schriftlichkeit 63

2 SMS-Texte – Alarmsignale für die Standardsprache? 66

3 E-Mail-Kommunikation – nur die Fortsetzung der traditionellen Briefkorrespondenz
   mit anderen Mitteln? 68

4 Chat-Protokolle – getippte Gespräche? 70

Gespräch oder Geschwätz? – Kommunikation am Beispiel des TV-Formats „Talkshow" 72

Problemhorizont: Kommunikation in Talkshows 72

1 Die Talkshow 73

2 Was ist ein gutes Gespräch? –
   Das Kooperationsprinzip und die Grice'schen Konversationsmaximen 75

3 Linguistische Gesprächsanalyse nach Henne/Rehbock 76

4 Ist das noch ein Gespräch? – Linguistische Analysen von Gesprächen in TV-Talkshows 78

Innere Mehrsprachigkeit des Deutschen (Varietäten) und Sprachvielfalt der deutschen Standardsprache (Stile)

Problemhorizont

Innere Mehrsprachigkeit – Varietäten und Stile

Die deutsche Sprache als eine natürliche Sprache umfasst verschiedene Teilsprachen (z. B. Standardsprache, Umgangssprache, Dialekte, Fachsprachen, Gruppensprachen), die auch als Subsysteme der deutschen Sprache bezeichnet werden. In der Fachsprache der Sprachwissenschaftler bezeichnet man diese Teilsprachen oder Subsysteme als Varietäten (lat. varietas = Verschiedenheit). Die Gesamtheit aller Varietäten einer Sprache wird auch die „Architektur" einer Sprache genannt.

Die Fähigkeit zur Nutzung sprachlicher Varietäten (z. B. Standardsprache und Dialekt) wird als „innere Mehrsprachigkeit" bezeichnet – in Abgrenzung zur „äußeren Mehrsprachigkeit", die Erst- und Zweitsprachen, Mutter- und Fremdsprachen umfasst. Zur inneren Mehrsprachigkeit und zur Sprachvielfalt tragen neben den sprachlichen Varietäten des Deutschen auch die stilistischen Varianten der deutschen Standardsprache bei. Dieser Vielfalt der deutschen Sprache und ihrer unterschiedlichen Nutzung soll in diesem Kapitel nachgegangen werden.

Methodischer Tipp

Legen Sie sich ein Glossar an und halten Sie die Fachbegriffe fest, die Ihnen in diesem und den folgenden Kapiteln begegnen. Definieren Sie dabei die Begriffe möglichst knapp.

Aufgabe zur Selbsteinschätzung: Was weiß ich über Varietäten und Stile?

Guten Tag! Tach! Servus! Sei mir gegrüßt! Moin, moin!

Grias di! Ey, du Arsch! Ey Alder, was geht? Salü!

Grüß Eahna!

Wie geht's, wie steht's? Grüß Gott! Habe die Ehre! Hallo!

Hi! Yalla! Gruezi! Ahoi! Glück auf!

1. Identifizieren Sie die Sprecher und ordnen Sie die Grußformeln den jeweiligen Varietäten und Stilen zu. (Mehrfachnennungen sind möglich.)

Standardsprache/ Hochsprache	Umgangssprache/ Alltagssprache	Dialekt/ Mundart	Fachsprache/ Fachjargon	Gruppensprache/ Sondersprache
Guten Tag! Hallo! Grüß Gott Habe die Ehre	Tach! Wie geht's, wie steht's? Hi!	Grias di!, Gruezi! Servus!, Moin moin! Salü Grüß Eahna	Glück auf! Ahoi!	Glück auf! Ahoi!

Migrantensprache	hohe Stilebene/ pathetisch	niedrige Stilebene/ vulgär	formeller Stil/ öffentlich	informeller Stil/ privat
Ey Alder, was geht? Yalla!	Sei mir gegrüßt Habe die Ehre!	Ey, du Arsch! Ey Alder, was geht?	Guten Tag! Habe die Ehre!	Wie geht's, wie steht's? Tach Hallo! Hi!

1 Die Gesamtarchitektur der deutschen Sprache: Nationalsprachliche Varianten und Varietäten

1.1 Nationalsprachliche Varianten – Deutsch als plurizentrische Sprache

Text

Bastian Sick: Schweizgebadet

Wissen Sie, was ein Verschrieb ist? Haben Sie schon mal vom Gurtentrageobligatorium gehört? Oder ein echtes Chrüsimüsi erlebt? Dann kennen Sie sich in der Schweiz offenbar gut aus! Die Sprache der Schweizer steckt voller drolliger Begriffe.

Vor meiner Reise in die Schweiz schenkt mein Freund Henry mir ein kleines Wörterbuch „Deutsch – Schweizer-
5 deutsch". „Das wirst du brauchen", sagt er, „denn die Sprache der Schweizer ist gespickt mit kuriosen Wörtern!"
Damit meint Henry die sogenannten Helvetismen – spezielle Ausdrücke, die nur in der Schweizer Standardsprache
vorkommen.

Viele stammen aus dem Französischen, so wie das Lavabo (Waschbecken), die Papeterie (Schreibwarenhandlung)
und der Pneu (Autoreifen). Einige französische Wörter wurden von den Schweizern liebevoll verfremdet, so wie
10 der Redakteur, der sich in der Schweiz Redaktor nennt, mit Betonung auf der zweiten Silbe. Entgegen landläufigen
Klischees sind die Schweizer keinesfalls den ganzen Tag mit Putzen und Jodeln beschäftigt, sondern hauptsächlich
mit Essen, und zwar vom Zmorge (Frühstück) über das Znüni (Zweites Frühstück), das Zmittag (Mittagessen)
und das Zvieri (Mahlzeit am Nachmittag) bis zum Znacht (Abendessen). Dass die meisten Nahrungsmittel in der
Schweiz einen anderen Namen haben, darauf war ich gefasst, denn schon innerhalb Deutschlands ist der Speiseplan
15 alles andere als einheitlich. So ist der Pfifferling in der Schweiz ein Eierschwämmli und die Walnuss eine Baumnuss.
Damit kann man sich anfreunden. Wer jedoch in der Schweiz einen italienischen Vorspeisenteller „ohne Peperoni"
bestellt, dem kann es passieren, dass er einen Vorspeisenteller *mit* Peperoni bekommt – dafür ohne Paprika. Das,
was der Deutsche unter Peperoni versteht, sind für den Schweizer Peperoncini. Das Wort Peperoni verwendet der
Schweizer hingegen für das, was bei uns Paprika ist, also das gelb-rot-grüne Gemüse. Die Peperoni sind also keine
20 Peperoni. Und auch die Zucchini sind keine Zucchini, sondern Zucchetti. Sehr kompliziert, das alles. Man sollte in
der Schweiz besser nicht italienisch essen gehen.

Man sollte in der Schweiz auch nicht Auto fahren. In der Schweiz kann man nämlich nirgendwo parken. Die
Schweizer parkieren. Und wer im Halteverbot parkiert, der wird verzeigt. Die Schweizer halten auch nicht vor
Ampeln, sondern vor Rotlichtern. Und sie fahren das Auto vor allem dann in die Garage, wenn es kaputt ist, denn
25 Garage ist im Schweizerischen auch eine Autowerkstatt. Wer sich wagemutig in den Zürcher Straßenverkehr stürzt,
muss auf alles Mögliche achtgeben: auf Velos, Töffs, Töfflis, auf Camions, Cars und natürlich auf das Tram. Also
auf Fahrräder, Motorräder, Mofas, auf Lastwagen, Reisebusse und natürlich auf die Straßenbahn. Da ist es doch
bequemer, einfach im Straßencafé sitzen zu bleiben und den Verkehr an sich vorüberziehen zu lassen. Man sollte
sich allerdings vorher vergewissern, dass man genügend Franken in der Tasche hat. (…)

30 Und selbstverständlich haben die Schweizer auch ihre eigenen Redewendungen. Wenn zwei Menschen miteinander
nicht zurechtkommen, dann haben sie auf gut Schweizerisch „ihr Heu nicht auf derselben Bühne". – „Mach dich auf
einiges gefasst!", sagt Henry mir, „in der Schweiz ist es *sauglatt!*" – „Aber doch nicht mehr jetzt im Frühling!", pro-
testiere ich. Henry winkt ab: „Sauglatt heißt nichts anderes als sehr lustig. Ich sehe schon, du musst noch viel lernen!
Aber früher oder später wird dir *der Knopf aufgehen!* Das sagt der Schweizer nämlich, wenn ihm ein Licht aufgeht."

35 In der Nacht träume ich, ich stehe auf einer Bühne zwischen lauter Heuballen, bei jedem Schritt drohe ich auszu-
rutschen, denn es ist überall sauglatt, und am Ende bemerke ich, dass mir die Hose offensteht, denn mir ist der
Knopf aufgegangen. Schweizgebadet wache ich auf.

[handschriftlich: Häufige Wiederholung Schweiz(er) → Akkumulation]

Aufgabe

1. Bestimmen Sie die Textsorte und untersuchen Sie die Wirkungsabsicht dieses Textes genauer.
Arbeiten Sie heraus, wie der Autor die Helvetismen bewertet.

2. Diskutieren Sie: Trägt dieser Text zum Verständnis der nationalen Variante des Schweizerdeutschen
und der entsprechenden landestypischen kulturellen Besonderheiten bei, oder werden dadurch
Vorbehalte und Klischeevorstellungen über die Schweiz und ihre Bewohner gefördert?

Randspalte:

Verschrieb
= Schweizer Amtsdeutsch für *Schreibfehler*

Gurtentrage-obligatorium
= Anschnall-pflicht

Chrüsimüsi
= Durcheinander

[handschriftlich: Parataxe]

verzeigen
= anzeigen

Text

Ulrich Ammon: Die nationale Variation des Standarddeutschen

Standarddeutsch klingt nach Einheitlichkeit – mehr noch als die früher bevorzugten Termini „Hochdeutsch" oder „Schriftdeutsch". Insbesondere erweckt dieser vermutlich aus dem Englischen entlehnte Ausdruck *(standard language)* den Eindruck gleicher Gültigkeit im ganzen deutschen Sprachgebiet, ähnlich dem dafür ebenfalls gelegentlich verwendeten Terminus „Einheitsdeutsch" (Einheitssprache). Zweifellos ist die regionale Einheitlichkeit auch
5 weit größer als bei den Dialekten. Standarddeutsch wurde ja im Wesentlichen zu dem Zweck aus den Dialekten heraus entwickelt, um die überregionale Kommunikation zu erleichtern. Überregional wird vor allem in der Öffentlichkeit kommuniziert, weshalb die Verwendung des Standarddeutschen (oder zumindest die Annäherung daran) auch die Norm des öffentlichen Sprachgebrauchs ist. Die Verwendung ausgeprägten Dialekts in der Öffentlichkeit ist meist normwidrig, was letztlich funktional ist, aufgrund der dabei auftretenden Verständnisschwierigkeiten.
10 Daher wird für leitende Berufe in der Regel die sichere Kenntnis des Standarddeutschen erwartet, denn die Inhaber solcher Berufe müssen meist auch in der Öffentlichkeit kommunizieren. So begründet sich auch die Beherrschung des Standarddeutschen als vorrangiges Lehrziel des muttersprachlichen Unterrichts. (...)

Vor allem unter den Bewohnern Deutschlands scheint die Vorstellung von der Einheitlichkeit des Standarddeutschen weit verbreitet.
15 Sie wurde indes erschüttert zur Zeit der Aufnahmeverhandlungen Österreichs mit der Europäischen Union 1994/95, als die Medien in Deutschland berichteten, dass die österreichische Verhandlungsdelegation die Verwendung spezieller österreichischer Wörter in den deutschsprachigen EU-Texten beantragt hatte. Tatsächlich wurde dem Beitrittsvertrag für Österreich ein Protokoll (Nr. 10) beigefügt, das beispielhaft 23 Varianten des österreichischen Standarddeutschs (Austriazismen) nannte, die in den EU-Texten zusätzlich zu dem in Deutschland geltenden Varianten zu
20 verwenden sind; vgl. unten. (...) Das Protokoll belegt, dass das Standarddeutsch Deutschlands nicht im ganzen Sprachgebiet gilt.

Beiried – Roastbeef

Grammeln – Grieben

Faschiertes – Hackfleisch

Eierschwammerl – Pfifferlinge

Erdäpfel – Kartoffeln

Kren – Meerrettich

Karfiol – Blumenkohl

Fisolen – Grüne Bohnen

Lungenbraten – Filet

Melanzini – Aubergine

Hüferl – Hüfte

Nuss – Kugel

Kohlsprossen – Rosenkohl

Marillen – Aprikosen

Obers – Sahne

Paradeiser – Tomaten

Powidl – Pflaumenmus

Ribisel – Johannisbeeren

Rostbraten – Hochrippe

Schlögel – Keule

Topfen – Quark

Vogerlsalat – Feldsalat

Weichseln – Sauerkirschen

(...) Dies verrät, dass (...) den Österreichern ihre standardsprachlichen Besonderheiten wichtig sind: als Symbol nationaler Eigenständigkeit. Daher handelt es sich um „nationale Sprachvarianten" Österreichs. Generell ist es üblich geworden, bei nationenspezifischen Sprachformen von „nationalen Varietäten" einer Sprache zu sprechen. Bei
25 den Beitrittsverhandlungen Österreichs zur EU ging es in erster Linie um den Wortschatz. In Wirklichkeit jedoch gibt es standardsprachliche Besonderheiten für die drei größeren deutschsprachigen Länder Österreich, Schweiz (deutschsprachiger Teil) und Deutschland auf allen Zeichenebenen und grammatischen Stufen: Austriazismen, Helvetismen und Teutonismen – wobei letzterer Terminus wegen seiner potenziell negativen Konnotationen strittig ist. Die Wortschatzunterschiede sind allerdings am auffälligsten und für Laien am leichtesten zu identifizieren; sie füh-
30 ren auch am ehesten zu Verständnisschwierigkeiten, z.B. wenn deutsche Touristen die Speisekarten in Österreich oder in der deutschsprachigen Schweiz lesen wollen.

Deutsch ist in insgesamt sieben Staaten oder Teilen davon Amtssprache. In den größeren von ihnen weist das Standarddeutsch Besonderheiten auf allen Zeichenebenen und grammatischen Stufen auf. In den kleineren Staaten beschränken sich die standarddeutschen Besonderheiten auf eine verhältnismäßig kleine Zahl von Wörtern.
35 Die größeren Staaten verfügen auch über eigene Nachschlagewerke zum für sie geltenden Standarddeutsch, z.B. Österreich über das „Österreichische Wörterbuch" (1. Auflage 1959, 39. Auflage 2001). Wegen dieser Unterschiede spricht man im ersten Fall auch von „nationalen Vollzentren" und im letzteren von „nationalen Halbzentren" der deutschen Sprache. Die Karte (vgl. S. 9) gibt einen geografischen Überblick. (...)

1 Die Gesamtarchitektur der deutschen Sprache: Nationalsprachliche Varianten und Varietäten
1.1 Nationalsprachliche Varianten – Deutsch als plurizentrische Sprache

Karte

Die nationalen Zentren der deutschen Sprache

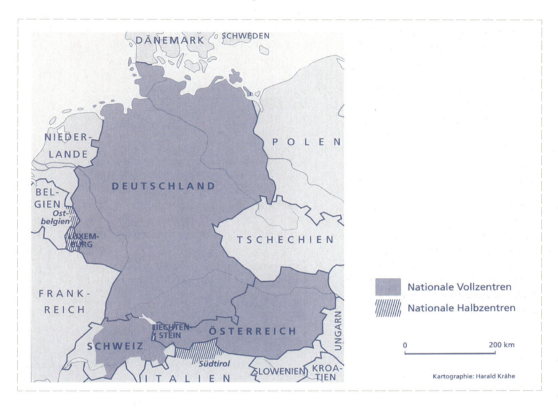

Als Medien in Deutschland über das österreichische Begehren bei den EU-Beitrittsverhandlungen berichteten, haben sie sich darüber meist lustig gemacht. Dies ist bezeichnend für das Verhältnis der Deutschen zur nationalen Sprachvariation im Standarddeutschen. Die meisten Deutschen glauben offenbar, dass ihr Standarddeutsch im ganzen deutschen Sprachgebiet, also auch außerhalb Deutschlands, als korrekt gilt. Sie werden darin auch von den eigenen Nachschlagewerken bestärkt, z. B. von den Dudenbänden, in denen die Sprachvarianten Österreichs und der Schweiz mit ihrer eingeschränkten Geltung markiert sind (als „österr." bzw. „schweiz."), aber die spezifischen Sprachvarianten Deutschlands nicht.

Obwohl Wörter wie „Abitur", „Apfelsine" oder „Sonnabend" in ihrem Gebrauch ganz auf Deutschland beschränkt sind, „Apfelsine" und „Sonnabend" sogar nur auf dessen nördlichen Teil, sind sie in den Dudenbänden nicht mit einer entsprechenden Einschränkung markiert. Dadurch entsteht der falsche Eindruck, als seien sie gemeindeutsch, also auch in Österreich, der Schweiz und anderen deutschsprachigen Staaten gängig. Hierzu passt auch, dass es je ein besonderes Duden-Wörterbuch für Österreich und die Schweiz, aber nicht für Deutschland gibt. Dabei betonen die Dudenbände stets, dass sie die deutsche Sprache „im gesamten deutschen Sprachraum dokumentieren". Ausgewogen ist diese Dokumentation jedoch offensichtlich nicht. Sie wird von sprachkritischen Österreichern und Schweizern zu Recht als „sprachlicher Alleinvertretungsanspruch" kritisiert. (…)

Aufgabe

1. Erläutern Sie, wie Ulrich Ammon das Verhältnis der drei nationalsprachlichen Varianten zueinander bestimmt. Gehen Sie dabei auch auf die Vorstellung einer Leitvarietät und deren Normierungsfunktion ein.

2. Untersuchen Sie die aktuelle Dudenausgabe im Hinblick auf den Vorwurf des „sprachlichen Alleinvertretungsanspruches" (Z. 53).

Tipp zur Weiterarbeit

1. Informieren Sie sich im Internet über die Sprache in Österreich: Deutsch-Österreichisches Wörterbuch mit Karten (http://www.ostarrichi.org/forum.html).

2. Sprachkarten fungieren als Spiegel unserer Sprach- und Kulturgeschichte. Schlagen Sie (z. B. im dtv-Atlas Deutsche Sprache) Begriffe wie Mädchen, Junge etc. nach.

9

Innere Mehrsprachigkeit des Deutschen (Varietäten) und Sprachvielfalt der deutschen Standardsprache (Stile)

1.2 Varietäten der deutschen Sprache im Überblick

Beispiel 1

Abweichend von Paragraph 2 werden bei Schafböcken, die in einem Kreuzungszuchtprogramm als Väter von Endprodukten verwendet werden sollen, die Zuchtwertteile Fleischleistung und Zuchtleistung einheitlich für alle Kreuzungszuchtböcke des Kreuzungszuchtprogramms festgestellt.

(EU-Verordnung)

Beispiel 2

„Höggschte Konzentration."

(Fußballbundestrainer Joachim Löw)

Beispiel 3

„Guten Tag. Ich brauche einen neuen PC."„Oh, da habe ich 'was Tolles für Sie. Den PCSYS 6510: Intel Celeron M360, 3,64 Ghz System, Windows XP Media Center Edition, 19" Widescreen TFT Display, die Home Entertainment Komplettlösung, Ashampoo Software Paket XXL, Compucase Gehäuse, 350 Watt Super Silent Netzteil (extrem leise), Intel Celeron M 360, 3,46 Ghz, 512 MB DDR-2RAM,250GB S-ATA Festplatte, 128 MB 3D Grafik onboard, LAN 10/100-DSL Ready."

(Auszug aus dem Studienverzeichnis Linguistik, Uni Göttingen)

Beispiel 4

„SCHEISSE!", schrie er aus vollem Halse über den leeren Platz. „NIMM DOCH EINER DEN SCHEISS-HUND HIER WEG! NIMM DOCH EINER DEN VERDAMMTEN SCHEISSHUND HIER WEG, HIM-MEL, ARSCH UND ZWIRN NOCH MAL! UND HALT'S MAUL!", brüllte er den Hund an, der daraufhin tatsächlich verstummte.

(Herr Lehmann in Sven Regeners Roman „Herr Lehmann", Frankfurt a. M. 2003, S. 11)

Beispiel 5

Berliner Klopsgeschichte

Ick sitz an' Tisch und esse Klops
uff eenmal klopts.
Ick kieke, staune, wundre mir,
Uff eenmal jeht se uff, die Tür!
Nanu, denk ick, ick denk nanu,
Jetz is se uff, erst war se zu.
Ick jehe raus und kieke
Und wer steht draußen? – Icke.

(Aus: Ewald Harndt: Französisch im Berliner Jargon, Berlin 1990)

Beispiel 6

Was guckst du; bin ich Kino?
ISCH GEH SCHULE, WIE ISCH BOCK HAB!

(Kanaksprak)

Beispiel 7

§ 323c StGB Unterlassene Hilfeleistung

Wer bei Unglücksfällen oder gemeiner Gefahr oder Not nicht Hilfe leistet, obwohl dies erforderlich und ihm den Umständen nach zuzumuten, insbesondere ohne erhebliche eigene Gefahr und ohne Verletzung anderer wichtiger Pflichten möglich ist, wird mit Freiheitsstrafe bis zu einem Jahr oder mit Geldstrafe bestraft.

Beispiel 8

„Jut! Mejen mich schlajen, mejen mir prügeln, mejen mir schmeißen Wasserflasche an Kopp; eh nich weiß, wo Kind is, eh nich haben mit Augen jesehen, bringen mich keiner und niemand von Stelle fort."

(Das polnische Dienstmädchen Pauline Piperkarcka in Gerhart Haupt-manns Tragikomödie „Die Ratten", Klett-Editionen, S. 42, Z. 11–14)

Beispiel 9

„und da ham wir uns in unsern schönen wartburg gesetzt und sind die berliner allee damals hieß se ja noch klement-gottwald-allee runter bis zur ostseer straße und als günther in die ostseer straße einbiegen wollte da hab ick'n richtigen heulkrampf gekriegt da hab ick gesagt nee da fahr ich nicht hin da ham se mich nich als meine oma gestorben ist rübergelassen dann will ick jetzt da och nich hin jetzt hab ick da nüscht verloren da hab ick geheult ich wollte einfach nich nachm westen fahrn"

(Ina B., Erzieherin, 48 Jahre. Aus: Norbert Dittmar/Ursula Bredel: Die Sprachmauer. Die Verarbeitung der Wende und ihre Folgen in Gesprächen mit Ost- und WestberlinerInnen, Berlin 1999, S. 91 f.)

Beispiel 10

„Ich habe fertig."

(Giovanni Trapattoni, Ex-Fußballtrainer von Bayern München)

Beispiel 11

„Geiz ist geil!"

(Werbespruch)

1 Die Gesamtarchitektur der deutschen Sprache: Nationalsprachliche Varianten und Varietäten

1.2 Varietäten der deutschen Sprache im Überblick

Aufgabe

1. Ordnen Sie die Beispiele 1–11 mit Hilfe der Definitionen in der tabellarischen Übersicht den unterschiedlichen Varietäten des Deutschen zu. Tragen Sie dazu einfach die Textnummer ein.

2. Notieren Sie in der Rubrik Gruppe (= Sprecher welcher sozialen Gruppe?), Region (= in welcher Region?) und Anwendungsbereich (= in welchem kommunikativen Zusammenhang?) Beispiele für den Sprachgebrauch der jeweiligen Varietät.

Übersicht

Die Varietäten der deutschen Sprache

Varietät	Merkmale	Text-nummer	Gruppe/Region/Anwendungsbereich
Standardsprache (Hochsprache, Schriftsprache)	Die deutsche **Standardsprache** (früher auch als „Hochsprache" oder „Schriftsprache" bezeichnet) basiert auf mehreren mittel- und oberdeutschen Dialekten, die der Mönch Martin Luther für seine Bibelübersetzung durch willkürliche Auswahl des Grundwortschatzes und durch eine an das Lateinische und an die höfische Schreibweise Kursachsens angelehnte Grammatik geschaffen hat. Die Standardsprache gilt als eine allgemein verbindliche Sprachform einer Sprachgemeinschaft, die sich durch den Gebrauch als Schriftsprache und hinsichtlich Grammatik und Aussprache als **Sprachnorm** definiert. Der idealtypischen Vorstellung einer einheitlichen Standardsprache im Sinne der einzig „korrekten" Sprachform widersprechen jedoch z. B. regionale Variationen (Orange – Apfelsine; Süd – Nord). Die Standardsprache dient zur überregionalen Kommunikation und ist Lehrziel im muttersprachlichen Deutschunterricht.	11	
Regionalsprachliche Varietäten: Umgangssprache/ regionale Umgangs-sprachen/Regional-sprachen (Regiolekte)	Die **Regionalsprachlichen Varietäten** (auch als Umgangssprache, regionale Umgangssprachen oder Regiolekte bezeichnet) bilden die „Sprachlage dazwischen" (Nicht-Dialekt und Nicht-Standardsprache). Von der Standardsprache unterscheiden sie sich durch ein eigenes Substrat (= überlagerte sprachliche Grundschicht) aus verschiedenen, in der betreffenden Region gesprochenen Dialekten sowie einen charakteristischen Akzent. Vom Dialekt unterscheiden sie sich darin, dass sie die meisten dialektalen Eigenheiten bezüglich Vokabular, Grammatik und Aussprache abgelegt oder abgeschliffen haben. Die praktische Kommunikation der überwiegenden Mehrheit der Sprecher findet in diesem Bereich statt. Dabei sind allerdings die Unterschiede zwischen Norddeutschland (starke Annäherung der regionalen Umgangssprachen an die Standardsprache) und Süddeutschland (stärkere Prägung der Umgangssprachen durch die Dialekte) zu berücksichtigen.	2	
Dialekte (Mundart)	Der Begriff **Dialekt** (= Mundart) stammt aus dem Griechischen und bedeutet „miteinander reden". Dialekte sind eine lokal gebundene und im Wesentlichen eine gesprochene Sprachform, die sich von der standardsprachlichen Norm hinsichtlich Aussprache (Phonetik), Wortschatz (Lexik) und Grammatik stark unterscheiden. Dialekte sind nicht an eine soziale Schicht, aber an bestimmte lokale Gruppen und Sprechsituationen gebunden.	5 9	

Innere Mehrsprachigkeit des Deutschen (Varietäten) und Sprachvielfalt der deutschen Standardsprache (Stile)

Varietät	Merkmale	Text-nummer	Gruppe/Region/Anwendungsbereich
Fachsprachen	Sachorientierte **Fachsprachen (Experten- und Berufs-sprachen)** dienen zur Verständigung innerhalb eines Sachbereiches und zeichnen sich insbesondere durch eine spezifische Terminologie (Fachbegriffe) aus.	3 7 1	
Gruppen- und Sondersprachen (Soziolekte)	**Gruppen- und Sondersprachen (Soziolekte)** bezeichnen den Sprachgebrauch einer beruflich, gesellschaftlich oder kulturell abgegrenzten Gruppe von Menschen, einem bestimmten sozialen Milieu oder einer Subkultur („Szene"). Sie dienen der sozialen Abgrenzung nach außen und zur Herstellung einer eigenen kulturellen Gruppenidentität. **Sondersprachen** (z. B. Geheimsprachen, Gaunersprachen) dienen vorrangig der sozialen Abgrenzung. Der verwendete Wortschatz wird dabei als **Jargon** oder auch als **Slang** bezeichnet.	6 4	
Übergangsvarietäten	Sprachvarietäten, die nur übergangsweise bis zum besseren Erlernen der Zielsprache gesprochen werden („Lernervarietäten"). Sie zeichnen sich durch Vereinfachung (z. B. Infinitivverwendung), Reduktionen der Zielsprache, starken Akzent, geringen Wortschatz und einfache Satzkonstruktionen aus. Im Zeitalter der Globalisierung und Migration spielen Übergangsvarietäten eine zunehmende Rolle in der interkulturellen Kommunikation.	10 6 8	

1.3   Der multidimensionale Varietätenraum

Die Varietäten der deutschen Sprache sind weitaus vielschichtiger und umfassender, als das in der Übersicht auf S. 11/12 zum Ausdruck kommt. Man spricht daher von einem multidimensionalen Varietätenraum. Dabei werden vier Dimensionen unterschieden: die räumliche, die soziale, die situative und die zeitliche Dimension.

Dimension	Kriterium	Varietäten	
Räumliche Dimension	geografische Herkunft	Dialekte, Regiolekte, Stadtsprachen, …	
Soziale Dimension	soziale Herkunft	Soziolekte: Schicht-, Gruppensprachen, Alters-, Geschlechtersprachen, …	
Situative Dimension	kommunikative Situation	Funktiolekte: Funktionalstile, Mediolekte, Situolekte, …	
Zeitliche Dimension	sprachgeschichtlicher Aspekt	z. B. Althochdeutsch, Mittelhochdeutsch, …	

Anmerkung: Als Mediolekte gelten medienspezifische Varietäten: a) die Sprech- oder Spontansprache (einschließlich Gesprächssprache) und b) die Schreib- oder Literatursprache. Sie sind nicht mit der Mediensprache zu verwechseln. Als Situolekte bezeichnet man situationsspezifische Varietäten. Sie geben Auskunft, wer mit wem in welchem sozialen Kontext (z. B. Schule, Privathaushalt, Kaufhaus usw.) über welches Thema redet. So müssen Sprecher in unterschiedlichen Beziehungsverhältnissen (z. B. Lehrer – Schüler, Kunde – Verkäufer oder Eltern – Kinder) unterschiedliche Sprachregister verwenden. (Vgl. dazu S. 30 f.)

Am Beispiel der Standardsprache sollen diese vier Dimensionen verdeutlicht werden:

Variablen der Standardsprache	Variante	Variante	
Regionale Variable	Apfelsine (Norddeutschland)	Orange (Süddeutschland)	
Soziale Variable	Voll krass (Jugendsprache)	Toll (Erwachsenensprache)	
Situative Variable	Mensch, mach doch endlich mal das Fenster zu! (familiär/informell)	Darf ich Sie bitten, das Fenster zuzumachen? (formell/höflich)	
Zeitliche Variable	Kilaubu in kot fater almahticun, kiskaft himiles enti erda (Althochdeutsch, Ende des 8. Jahrhunderts)	Ich geloube an got vater almechtigen, schepfaere himels und der erde (Mittelhochdeutsch, 12. Jahrhundert) (Neuhochdeutsch)	

Aufgabe

1. Variablen bestehen aus mindestens zwei Varianten. Bei der zeitlichen Variablen lassen sich weitere Varianten angeben: Formulieren Sie die neuhochdeutsche Variante.

2. Tragen Sie weitere Beispiele in die Tabelle ein. Verwenden Sie dazu ein Wörterbuch der aktuellen Gegenwartssprache und ein Herkunftswörterbuch.

Innere Mehrsprachigkeit des Deutschen (Varietäten) und Sprachvielfalt der deutschen Standardsprache (Stile)

2 Ausgewählte Varietäten und Standardsprache

2.1 Regionale Dimension: Dialekte – Funktion, Grenzen und Bewertung

Text

Ach, was muss man oft von bösen
Kindern hören oder lesen! *Hochdeutsch*
Maggs un Moridds sin zwee solsche
Daachediebe, Fleeschl, Schdrolsche!
5 Schdatt dass se durch gscheide Lehra
Sich zom Guada dädat kehra –
Hänss nur allpott drüber glacht
Und sich heimli luschtig gmacht.
Ja, zu jedm Blädsinn taugns
10 Wia zwoa Unschuidengal schaugns.

Leud veräbbeln, drangsaliern,
Große, klaane, und auch Diern
Appel, Beer und Plumm stibietsen-
Deit'n jo veel leeber mooken,
Brav ze sein, das reizt kee Aas, 15
Awer Frechsein, das macht Spaß!
Lern'n ooch noch? meene Jüte,
Kommt ja janischt inne Tüte! *Berlinerisch*
Obar, Freinderl, frage nicht
Nach dem End von dera Gschicht. 20

Aufgabe

1. Wilhelm Buschs Vorwort zu seinem Klassiker „Max und Moritz" liegt hier in unterschiedlichen Dialektfassungen vor. Lesen Sie den Text laut und versuchen Sie, den Dialekt und die Intonation zu treffen.
Ein Tipp: Nach jeder zweiten Zeile wechselt der Dialekt. Um welche Dialekte handelt es sich jeweils?

2. Entnehmen Sie aus der geografischen Verteilung der Dialektkenntnis, in welchen Gebieten des deutschen Sprachraumes besonders häufig Dialekt gesprochen wird. Wählen Sie aus der Dialektkarte einen Dialekt (im Kurs arbeitsteilig verschiedene Dialekte), und begeben Sie sich auf eine Deutschlandreise mit dem Ohr. *(http://www6.dw-world.de/de/dialekt.php)*. Stellen Sie Ihren Dialekt im Kurs vor.

Karte

Geografische Verteilung der Dialektkenntnis

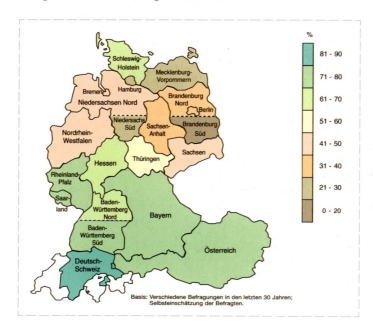

Basis: Verschiedene Befragungen in den letzten 30 Jahren; Selbsteinschätzung der Befragten.

Text

Eckart Frahm: Warum sprechen wir Dialekt?

Eckart Frahm leitet die Arbeitsstelle „Sprache in Südwestdeutschland" an der Universität in Tübingen. 2003 wurde sein Buch „Renaissance des Dialekts?" veröffentlicht. Seit
5 40 Jahren lebt der Kulturwissenschaftler im Südwesten, aufgewachsen ist der heute 62-Jährige in Schleswig-Holstein.

Wenn er jemanden aus seiner Heimat trifft, redet er gern plattdeutsch: „Moin, Moin" und
10 „Wat mutt, dat mutt." Das dialektfreie Interview mit Eckart Frahm führte Alva Gehrmann am 25.10.2004.

Herr Frahm, warum gibt es in Deutschland so viele verschiedene Dialekte?
15 Ganz einfach: Weil es viele Menschen gibt, die miteinander reden. Wie sie reden, hängt von ihren Erfahrungen und der jeweiligen Gesprächssituation ab. Ein Mensch, der in der Industrie arbeitet, redet anders als ein Dorfbewohner in
20 den Bergen. So hat auch jede Region ihre eigene Sprache. Man unterscheidet übrigens lokale Mundarten und regionale Dialekte.

Wie viele deutsche Dialekte gibt es eigentlich?
Grob kann man sie in drei Bereiche einteilen:
25 Niederdeutsch, Mittel- und Oberdeutsch. Das lässt sich dann weiter unterteilen – zu den niederdeutschen Dialekten zählen zum Beispiel Nordfriesisch, Mecklenburgisch oder Westfälisch. Es gibt außerdem noch Dialekte
30 wie das Schwäbische mit vielen eigenen Mundarten. Im Schwäbischen können mehr als ein Dutzend regionale Dialekte unterschieden werden. Manchmal ist es auch nur die Sprachgeschwindigkeit, die anders ist.

35 *Wie sind Dialekte entstanden?*
Den Begriff „Dialekt" gibt es erst, seit es die Hochsprache gibt – und das ist gerade mal 250 Jahre her. Hochdeutsch war damals der so genannte kursächsische Dialekt, der aber mit
40 dem heutigen Sächsisch nicht zu vergleichen ist. Dialekte selbst gibt es aber länger – sie sind oft auch von anderen Sprachen beeinflusst. Das Rheinische zum Beispiel vom Französischen. Paraplü – das kölsche Wort für Regen-
45 schirm – kommt von „parapluie". Französisch hatte um 1800 einen hohen Stellenwert, wer es sprach, gehörte zu einer höheren Kulturstufe. So wurden etliche Wörter angenommen und weiter in Umlauf gebracht, auch der Begriff
50 „Soutrai" – für Kellergeschoss – stammt vom französischen „souterrain".

Welche Rolle spielen Dialekte?
Sie stehen für Gemütlichkeit – es hat etwas von sich zu Hause fühlen und Nostalgie. Die Sprache ist auch Teil der Identität. Ein Dialekt 55 hält zusammen, grenzt aber auch von anderen Regionen ab. Dialekte werden heute auch in der Werbung bewusst eingesetzt. Bei Biermarken zum Beispiel. Das soll signalisieren: Das Bier kommt von hier, und das Produkt ist gut, 60 weil es von hier ist. Auch Politiker setzen Dialekte gern ein, wenn sie zu ihren Wählern aufs Land fahren. Nach dem Motto: Ich bin einer von euch.

Mal abgesehen von der Bierwerbung und re- 65 *gionalen Wahlkämpfen. Gehen Dialekte mittlerweile nicht verloren?*
Nein, Dialekte gehen nicht verloren. Schon mit der Erfindung der Eisenbahn und der dadurch zunehmenden Mobilisierung, befürchtete man, 70 dass dies passiert. Doch das war nicht der Fall und es wird auch in Zukunft nicht passieren – lediglich Begriffe aus der Landwirtschaft fallen aus unserem Sprachgebrauch allmählich weg. Trotzdem wurden Dialekte eine gewisse 75 Zeit weniger gesprochen. Um 1970 dachten viele, dass Dialekte eine Sprachbarriere seien und man dadurch schlechtere Bildungschancen habe. Also brachten Eltern ihren Kindern hochdeutsch bei. Vor allem im Alter aber spre- 80 chen Menschen wieder verstärkt ihre lokale Mundart. So sind es oft auch die Großeltern, die ihren Enkeln den heimischen Dialekt beibringen.

Und dennoch wird insgesamt weniger Dialekt 85 *gesprochen. Hat das auch mit dem Fernsehen zu tun?*
Dialekte gehen nicht durch den Medienkonsum verloren, das haben Studien ergeben. Sie gehen eher dadurch verloren, dass sie nicht mehr 90 aktiv gesprochen werden. Die lokale Mundart lässt eben nach, wenn man keinen Partner hat, mit dem man sie sprechen kann.

Gibt es überhaupt noch neue Dialekt-Wörter?
(...) Neue Wörter entwickeln sich immer wie- 95 der. Als zum Beispiel in den 60er Jahren der Kühlschrank in die Haushalte kam, fanden die Schwaben dafür ein eigenes Wort: Gfriere. Meist werden neue Begriffe vom Dialekt eingefärbt, etwa durch die phonetische Aus- 100 sprache. Da wird aus einem Keilriemen ein Keilriema. Unsere Dialekte sind aber auch so

Innere Mehrsprachigkeit des Deutschen (Varietäten) und Sprachvielfalt der deutschen Standardsprache (Stile)

sehr reichhaltig. Schließlich gibt es mehrere Begriffe für dieselbe Sache. Das Wort Brötchen heißt im Schwäbischen Weckle, in Berlin Schrippe, und im Rheinland gibt es das Brüdche.

Wo wir schon bei den unterschiedlichen Begriffen sind. Der Rheinländer hat ja eine eher weiche, niedliche Sprache, das Berlinerische ist ruppiger. Ist der Dialekt auch ein Spiegel der Mentalität?
Die Sprache ist auf jeden Fall ein Ausdruck der Mentalität. So wie der Rheinländer ist, spricht er auch. Er ist eher gemütlich, plappert viel. Ich habe das selbst immer wieder erlebt, wenn man sich im Rheinland in eine Kneipe setzt, wird man sehr schnell angesprochen. Das passiert einem in Norddeutschland kaum. Auch die Berliner sind da ganz anders.

Warum sind manche Dialekte so beliebt, andere wieder nicht?
Das Allensbach-Institut hat im Jahr 1998 eine Umfrage gemacht, danach war Bayerisch der beliebteste Dialekt. Gefolgt vom norddeutschen Platt. Schwäbisch hingegen war lange sehr unbeliebt – immer auf dem letzten Platz. Als dann die Wiedervereinigung kam, war das plötzlich Sächsisch. Die Beliebtheit sagt aber nichts über die Qualität des Dialektes aus. Das kann auch eine politische Dimension haben, gerade beim Sächsischen. Es war zu DDR-Zeiten die Verkehrssprache, davon wollten sich natürlich gerade nach der Wende viele Bürger distanzieren.

Ist am Ende Dialekt sprechen sogar wieder cool?
Zunehmend sind die Leute zweisprachig: Dialekt und Hochdeutsch – je nach Gesprächssituation. Heute gibt es schon eine gewisse Renaissance des Dialektgebrauchs. Dialekt ist Kulturgut, und es ist eine Art Wärmestrom, ein Verbindungsmittel. Man erkennt in dem anderen den Gleichen. Dialekt sprechen auf jeden Fall nicht nur die Alten, Armen und die Ungebildeten – wie das früher manchmal behauptet wurde. Gerade in Zeiten der Globalisierung brauchen die Menschen mehr Wärme und Geborgenheit.

Aufgabe

1. Informieren Sie sich in einer Sprachgeschichte (z. B. Peter von Polenz: Deutsche Sprachgeschichte vom Spätmittelalter bis zur Gegenwart) genauer über die Entstehung des Hochdeutschen aus dem damaligen kursächsischen Dialekt.

2. Welche Funktion weist der Autor den Dialekten heute noch zu?

Text

Richard Schneider: Regiolekte verdrängen Dialekte – vor allem in Norddeutschland

Seit Jahrzehnten lässt sich – vor allem in größeren Städten – beobachten, dass immer weniger Dialekt gesprochen wird. Der Wandel vollzieht sich jedoch nicht überall gleich schnell. Die süddeutschen Mundarten sind noch weitgehend vital. Das in den nördlichen Bundesländern gesprochene Niederdeutsche hat hingegen nach Ansicht von Karl-Heinz Bausch vom Institut für Deutsche Sprache (IDS) in Mannheim „keine Chance, noch lange weiterzubestehen". Der Gebrauch von Mundarten werde „immer weiter zurückgehen, selbst in angeblich sicheren Dialektgebieten wie der Eifel".

Schuld am Verschwinden der Mundart ist nach Ansicht der Forscher ihr schlechtes Image und das geringe Prestige ihrer Sprecher, denen (nachweislich zu Unrecht) der Ruf anhaftet, weniger intelligent oder gebildet zu sein. Peter Honnen vom Amt für rheinische Landeskunde (ARL) in Bonn beklagt eine „Diffamierung der Dialekte als Sprache der Ungebildeten und Rückwärtsgewandten".

Mit den Dialekten verschwinden aber nicht alle regionalen Merkmale der Sprache. Ein guter Teil des Wortschatzes überdauert im sogenannten Regiolekt, der dialektgefärbten Umgangssprache. Regiolekte haben gute Chancen zu überleben, wenn ihre Nutzung auch in der Öffentlichkeit weiter zunimmt.

Aufgabe

1. Erläutern Sie das Verhältnis von Standardsprache, regionalen Umgangssprachen und Dialekten im Deutschen. Welche Entwicklungstendenzen sind dabei auszumachen? Beziehen Sie sich dabei auch auf die geografische Verteilung der Dialektkenntnis. (Vgl. Karte S. 14)

2. Erörtern Sie, ob und inwiefern man von einer „Renaissance des Dialekts" sprechen kann.

2.2 Soziale Dimension: Gruppensprachen/Sondersprachen: Vielfältige Jugendkulturen und vielfältige Sprachstile von Jugendlichen

Text

Jörg Lau: Die Macht der Jugend

An die Stelle der großen Jugendbewegungen sind unüberschaubar viele Szenen und Stile getreten.

Die Jugend gibt Anlass zur Sorge. Das ist nichts Neues. „Die Jugend von heute" war immer schon ein Codewort für alles, womit die Nachwachsenden den Erwachsenen Verdruss bereiten. Neu ist freilich, worüber die Jugendforscher seit einigen Jahren die Stirn in Falten legen. Man spricht von einer „beunruhigenden Normalisierung". Die Jugend ist ihren professionellen Beobachtern nicht mehr zu rebellisch, sondern zu angepasst. (…)

Die Polemik gegen den Spießer, eine Lieblingsbeschäftigung früherer Gegenkulturen, ist sinnlos geworden, weil Abweichung die neue Normalität ist. (…) So sieht heute mancher kritische Jugendsoziologe die Lage: Wo einst die aufsässige Subkultur die angepasste Mehrheit provozierte, fließe heute der träge Strom eines zunehmend unübersichtlichen „Mainstreams der Minderheiten". Jugendkulturen, heißt es, werden heute unmittelbar kulturindustriell verwertet, wenn sie nicht ohnehin schon von Marketingabteilungen erfunden worden sind. Sie seien, kurz gesagt, Teil des Systems geworden. (…)

Text

Jannis K. Androutsopoulos: Szenesprachen

Für jede Szene eine Sprache
Der Begriff „Szene" ist in aller Munde. Ursprünglich stammt er aus der Theatersprache (Szene = Bühne); heute bezeichnet er alle möglichen Bereiche in Wirtschaft, Politik und Kultur. So ist die Rede von der Börsenszene, der Politikerszene, der Autonomenszene oder von verschiedenen Jugendszenen wie z. B. von der Hip-Hop-Szene. Alle „Szenen" haben bestimmte Eigenschaften gemeinsam: Sie setzen sich zusammen aus aktiven und engagierten Menschen, z. B. Künstlern, Fans, Börsenprofis oder Journalisten. Jede Szene hat ihre Treffpunkte, etwa Galerien oder Kneipen, wo Neues und Exklusives passiert. Wer dazugehört, ist bestens informiert und bekommt Entwicklungen als Erster mit. Das macht den Reiz einer Szene aus.

Jede Szene hat ihre eigene Sprache. An der Wortwahl, an besonderen Ausdrucksweisen oder an der Sprechweise
erkennt man, wer zu welcher Szene gehört. Unter Szenesprache verstehen die einen eine Liste von besonderen
Wörtern und Ausdrücken; für die anderen ist sie ein Stil der Kommunikation, zu dem auch bestimmte Gesprächs-
themen und Meinungen gehören. Es gibt nicht nur eine Szenesprache, sondern es gibt so viele Szenesprachen wie es
Szenen gibt.

Beispiel Hip-Hop
Ein Beispiel: Anne, eine 18-jährige Schülerin aus einer süddeutschen Großstadt, gehört zur Hip-Hop-Szene ihrer
Stadt. Das bedeutet nicht nur, dass sie die aktuellsten CDs kauft und Konzerte besucht. Sie ist auch als Rap-Sän-
gerin aktiv. Sie schreibt ihre Texte selbst, probt zweimal die Woche mit ihrer Gruppe, ihrer „Crew", wie sie sagt,
und hat ab und zu kleinere Auftritte. Dadurch hat sie viele Hip-Hopper ihrer Stadt persönlich kennen gelernt. Seit
kurzem ist sie auf einer Internet-Website für das Song-Archiv zuständig.

Was bedeutet „Szenesprache" für Anne? Zunächst einmal, dass sie sich über Rap-Musik fachmännisch unterhalten kann. Gute „Lyrics" (Songtexte) zeichnen sich für Anne dadurch aus, dass sie „Flow" (Textfluss) und „fette"
(= gute) Reime haben. Sie mag „Freestyle" (Improvisation) und „Battles" (Texte, die einen Wettstreit ausdrücken).
Wenn sie andere Rapper heruntermacht, sagt sie dazu „dissen".

Ähnlich geht es in der Sprayerszene zu: Hier ist von „Cans" (Sprühdosen), „Blackbooks" (Skizzenbüchern) und
„Toys" (Anfängern) die Rede.

Anne grenzt sich ab von Mitschülerinnen, die Rap-Musik nur aus den Musiksendern kennen und sich für die
Szene der Stadt nicht interessieren. Diese nennt sie „die kleinen Britneys" und meint damit den Popstar Britney
Spears, den sie überhaupt nicht mag. In ihrer Clique hat Anne auch eine Bezeichnung für Jungs, die sich als „hart"
aufspielen, aber nicht ernst genommen werden. Die nennt sie „gangster" – ein Ausdruck aus der amerikanischen
Hip-Hop-Sprache. Wenn Anne sagt „das kommt so gangstermäßig rüber", meint sie eine unehrliche Pose, die den
„coolen Hip-Hopper" nachahmen soll, aber in den Augen der Szene nur lächerlich ist. Durch ihr Interesse an Hip-
Hop wird Anne auch mit den Stilregeln für verschiedene geschriebene Ausdrucksformen vertraut. Um ihre eigenen
Songs zu schreiben, muss sie sich in der besonderen Reim-Technik von Raps üben. Seitdem sie sich mit der Website
beschäftigt, hat sie viele Gelegenheiten gehabt, andere Hip-Hop-Seiten zu besuchen, in einem Hip-Hop-Chat zu
diskutieren und sich in verschiedenen Gästebüchern zu verewigen. Komplimente wie „fette page" (= guter Internet-
Auftritt) gehören dabei zum guten Ton.

Nähe zur Fachsprache
An der Sprache des Hip-Hop sieht man bestimmte Eigenschaften, die auch für andere Szenesprachen gelten. Ein
großer Teil des Szenewortschatzes bezeichnet Gegenstände und Handlungen, die für die Szene von Bedeutung sind.
Er kommt daher einer Fachsprache nahe. Will man zum Beispiel über Rap-Texte reden, geht das nicht ohne Wörter
wie „Freestyle" und „Flow". Daneben findet man umgangssprachliche Wörter und Ausdrücke, bei denen es hauptsächlich um Bewertungen und Einstellungen geht. Beispiele für diesen „Hip-Hop-Slang" sind Wörter wie „Heads"
(= eingefleischte Hip-Hop-Fans). Dieser Wortschatz kommt größtenteils aus dem Englischen oder Angloamerika-
nischen, weil die Hip-Hop-Kultur im englischsprachigen Raum entstanden ist. Mit seiner weltweiten Verbreitung
wird er zum internationalen Wortschatz, den Hip-Hop-Fans in allen Ländern verstehen und gebrauchen.

„Einbürgerung" ins Deutsche
Häufig findet im Lauf der Zeit eine „Einbürgerung" von Szenesprachen ins Deutsche statt. Neben dem ursprüng-
lichen Verb „dissen" zum Beispiel entstanden „rumdissen" und „Gedisse". Ähnlich gibt es außer dem „Rapper"
und „rappen", „langsam gerappte Texte", „Deutschrapper" und „Rapwelt". Ein anderer Weg ist die Lehnübersetzung: Hip-Hop-Fans sagen zum Beispiel „das burnt" (im Sinne von: das ist ganz toll), oder sie benutzen die deutsche Entsprechung „das brennt". Neben dem für Hip-Hop typischen Abschiedsgruß „peace" hat sich die deutsche
Entsprechung „Friede" etabliert. Es gibt weitere Mittel, um Leidenschaft für die Hip-Hop-Kultur auszudrücken.
Beispielsweise gibt man seinen Lieblingskünstlern Kose- oder Spitznamen. Für die Hip-Hop-Band „Freundeskreis"
verwenden viele nur noch die Abkürzung „Kreis".

So lokal wie international
Wie kommt die Szenesprache aus der Szene hinaus? Im Fall der Hip-Hop-Szene sind es vor allem Musikmagazine
und Fernsehsendungen, die Teile davon nach außen bringen. Wenn der junge Fernsehmoderator über den neuen
Video-Clip einer bekannten Rap-Band spricht, wird er das eine oder andere Szenewort einfließen lassen. Damit
unterstreicht er, dass er sich auskennt. Im übrigen sind Szenesprachen dynamisch und vielseitig. Sie verändern sich
ständig, werden nur in speziellen Situationen gesprochen und haben trotz der internationalen Verbreitung immer
auch lokale Ausprägungen, die die Grenzen einer Stadt nicht verlassen. In manchen Fällen verlassen sie nicht einmal die Grenzen eines Stadtteils.

2 Ausgewählte Varietäten und Standardsprache

2.2 Soziale Dimension: Gruppensprachen/Sondersprachen: Vielfältige Jugendkulturen und vielfältige Sprachstile von Jugendlichen

Aufgabe

1. Untersuchen Sie anhand konkreter Beispiele (Punk, Techno, Hip-Hop, Rocker, Metaller, Hippies usw.) die unterschiedlichen Gruppensprachstile Jugendlicher. Stellen Sie dazu – gemäß dem ethnografischen Ansatz – die Sprachstile in ihrem kommunikativen und subkulturellen Kontext dar.

2. Verwenden Sie Texte der jeweiligen Jugendkultur. Nutzen Sie dazu auch das „Portal zur Szenenforschung" der Universität Dortmund: „Jugendszene.com" (http://www.jugendszenen.com/Szenenkatalog.html) und Fanzines (= szenenspezifische Publikationen), z. B. Musikmagazine.

3. Sprachstile von Jugendlichen kann man z. B. mit Hilfe eines Fragebogens erfassen, der das Sprechen in spezifischen Verhaltenskontexten (Unterrichtsgespräche, Pausengespräche, Gespräche im Familienkreis usw.) untersucht. Der Fragebogen muss so gestaltet sein, dass deutlich wird, welche Sprachmuster in welchen gesellschaftlichen Kontexten wann, wo und wie kommuniziert werden.

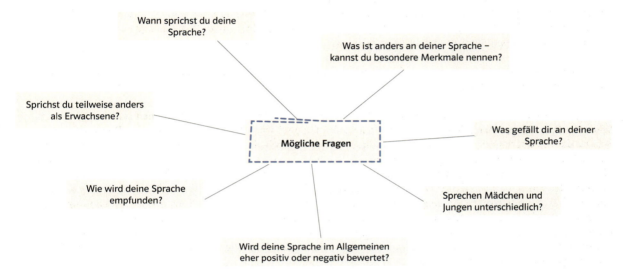

Am einfachsten können unterschiedliche Sprechsituationen mit einer Filmkamera aufgezeichnet und ausgewertet werden. Anschließend werden einzelne Sprechakte verschriftlicht (transkribiert), um sie genauer zu untersuchen.

Tipp zur Weiterarbeit

1. Laden Sie den Artikel „Jugendsprache und Jugendkultur" aus „Politik und Zeitgeschichte" (B5/2002) von Peter Schlobinski von der Homepage der Bundeszentrale für politische Bildung *(http://www.bpb.de/publikationen/ NE0MPT,0,0,Jugendsprache_und_Jugendkultur.html)* herunter.
Lesen und markieren Sie den Text, und klären Sie Ihnen unbekannte Begriffe mit Hilfe von Nachschlagewerken oder Wörterbüchern.

2. Stellen Sie die wesentlichen Entwicklungsetappen der sprachwissenschaftlichen Ansätze zur Erforschung der Jugendsprache dar.

3. Zeigen Sie anhand des Artikels den raschen Wandel jugendsprachlicher Stilrichtungen.

4. Arbeiten Sie typische Merkmale jugendsprachlicher Stile heraus.

5. Jugendliche lösen unterschiedlichste Versatzstücke aus verschiedenen kulturellen und medialen Kontexten heraus und kombinieren sie neu. Weisen Sie dieses Verfahren der „Bricolage" (frz. Basteln) anhand konkreter Beispiele nach. Stellen Sie dabei auch einen Zusammenhang zur inneren Mehrsprachigkeit (vgl. S. 6) her.

6. Überprüfen Sie, ob und inwiefern die These von Peter Schlobinski zutrifft, dass die „Jugendsprache" Teil einer durch die Medien geprägten Spaßkultur sei.

Kreative Aufgabe

1. Verfassen Sie nach dem Verfahren der Bricolage eigene Texte.

Text

Klaus Lübbe: Kanaksprak

Jugendliche in den Großstädten entwickeln ihre eigenen Sprach-Stile, z. B. Kanaksprak.
Das Wort Kanake kommt aus Hawaii und bedeutet dort „Mensch". In Deutschland wurde es zum Schimpfwort
für Einwanderer. Heute nennen sich die Deutschtürken der zweiten und dritten Generation stolz selber so.

An sozialen Brennpunkten verändert sich auch die deutsche Sprache.

5 Die Sprache im deutschen Hip-Hop ist hart geworden. Kein Monat vergeht, in dem nicht irgendein Album eines,
vornehmlich aus der Hauptstadt stammenden, Skandalrappers wegen frauenfeindlicher, gewaltverherrlichender
oder gar rechtsradikaler Texte auf dem Index der Bundesprüfstelle für jugendgefährdende Medien landet.

Die betroffenen Künstler selbst rechtfertigen den Sex- und Gewaltslang mit einem der Rapkultur eigenen Bedürfnis
nach ungeschminktem Abbilden sozialer Realität und dem Hang zu verbaler Aggression: Potenzielle Konkurrenten
10 mit Worten möglichst effektvoll zu degradieren sei nun einmal ein fester Bestandteil der Hip-Hop-Kultur, behaupten die Enfants terribles der Szene wie Bushido oder Sido. Zu diesem Zweck bediene man sich eben Metaphern, die
im jeweiligen Kulturkreis das größtmögliche Provokationspotenzial besitzen. Man kann sich lange darüber streiten,
wie viel Realität tatsächlich aus solchen Sprachkaskaden spricht oder wie viel geschicktes Marketing sich dahinter
verbirgt. Viel interessanter jedoch ist die Frage nach dem kulturellen Kontext, dem die Rüpel-Texte entstammen
15 und der eigentlich erheblich mehr zu bieten hat als infantile Jugendsprache sowie Sex und Crime-Vokabeln. „Die
Hip-Hop-Szene wirkt als Verstärker für einen neuen Ethnolekt des Deutschen, der auf oftmals erstaunlich kreative
Weise Deutsch mit Türkisch oder anderen Immigrantensprachen kombiniert", sagt der Sprachwissenschaftler und
Rap-Experte Jannis Androutsopoulos von der Universität Hannover.

Lange schon gilt der sogenannte „Türkenslang" als einflussreicher Sprachtrend. Bereits vor zehn Jahren beschrieb
20 der Schriftsteller Feridun Zaimoglu das gepresste und genuschelte Deutsch, wie es in Einwandervierteln in Frankfurt oder Berlin gesprochen wird, als eigenständige Sprache: Die „Kanaksprak". Wie das jamaikanische Kreolisch,
so behauptete Zaimoglu, würde auch das Immigrantendeutsch als eine neue, kreative Sprachform entstehen,
mit Wortneuschöpfungen und „Underground-Kodex". Zwar wurde der Sprachstil schnell von der sogenannten
„Ethno-Comedy" vereinnahmt. TV-Komiker wie Erkan und Stefan oder Kaya Yanar („Was guckst du") etablier-
25 ten das Türkendeutsch als leicht debiles Gestammel schrulliger Machos: Längst ist das latent diskriminierende
Mimen goldkettchentragender Türkenprolls zum gern verwendeten Stilmittel im Alltagsdeutsch geworden. Mit der
Sprache, die tatsächlich in den Ghettos großer deutscher Städte gesprochen wird, hat das aber recht wenig zu tun,
stellt Androutsopoulos fest. „In den Immigrantenvierteln Hamburgs oder Berlins wird ein multi-ethnischer Sprach-
mix gesprochen. Anderssprachige Begriffe werden dabei mühelos in den Sprachfluss integriert. Mit dem Türken-
30 slang, wie wir ihn aus der Comedy kennen, hat das nichts zu tun."

Bisweilen führt die Mehrsprachigkeit gar zu einer Steigerung der Sprachkompetenz im Deutschen. Völlig konträr
zum Klischeebild des stammelnden Türstehers oder einsilbig aggressiven Machos kultivieren gerade Einwande-
rerkinder aus der Mittelschicht ein besonders eloquentes Deutsch. So kann es passieren, dass der Sohn des türkischen Eckladenbesitzers den verdutzten Kunden mit Höflichkeitsfloskeln überrascht, die mittlerweile selbst bei
35 Muttersprachlern Seltenheitswert haben: „Ich habe zu danken, der Herr!" Androutsopoulos wundert das wenig:
„Der Ethnolekt ist so vielfältig wie die sozialen Schichten, in denen er gesprochen wird." Das Image des multi-
ethnischen Sprechens beginnt sich zu ändern. Auf den Schulhöfen kann man beobachten, wie deutsche Kinder
Sprache und den Stil ihrer multi-ethnischen Klassenkameraden nachahmen. Und bisweilen wirken deren bilinguale
Mischgespräche so beeindruckend, dass selbst Nicht-Türken beginnen, türkische Ausdrücke in ihren Wortschatz zu
40 übernehmen. „Auch wenn das in der Regel nur Floskeln sind: Feldstudien aus Hamburg belegen, wie sich Türkisch
dort bereits zu einer allgemein verfügbaren Umgangssprache entwickelt hat", sagt Androutsopoulos.

Auch Heike Wiese, Linguistin an der Humboldt-Universität, bestätigt: „Kiez-Sprache scheint in multi-ethnischen
Wohngebieten als eine Art Lingua Franca benutzt zu werden, das heißt als Kontaktsprache, die von Jugendlichen
ganz unterschiedlichen ethnischen Hintergrunds, und vor allem auch von deutschen Jugendlichen, gerade auch in
45 gemischten Gruppen benutzt wird."

Und schon beklagen sich besorgte Eltern darüber, ihre Kinder nicht mehr zu verstehen: Sie habe ihren Sohn auf
dem Altar der Integration geopfert, bemerkte unlängst eine zerknischte Aktivistin der Kreuzberger Alternativszene.
Hier kommt eine Angst zum Vorschein, die mit der üblichen Irritation sprachkonservativer Erziehungsberechtigter
anlässlich jugendsprachlicher Geheimcodes vermutlich nicht ausreichend erklärt werden kann. Vom „steilen Zahn"
50 der siebziger Jahre bis hin zu aktuellen Komposita wie „Fußhupe", einem zeitgenössischen Synonym für einen
kläffenden Vierbeiner, wie das „Pons-Wörterbuch der Jugendsprache 2005" aufklärt: Immer ist es die hinlänglich
bekannte pubertäre Rebellion, die sich neue Worte schafft.

2 Ausgewählte Varietäten und Standardsprache

2.2 Soziale Dimension: Gruppensprachen/Sondersprachen: Vielfältige Jugendkulturen und vielfältige Sprachstile von Jugendlichen

Nur kann es heute passieren, dass der 16-jährige Spross seinem deutschen Kumpel im Bus statt „geile Braut, Alder" ein herzhaftes „Tam tschuki, Lan!" zuraunt, sobald die Klassenschönste zusteigt. „Tam" verkürzt das türkische
55 tamam für genau, „tschuki" das Adjektiv cok iyi für toll, super. „Lan" bedeutet Kumpel. Der oftmals banale Jugendkontext sollte nicht über das Potential dieses gemischtsprachigen Stils hinwegtäuschen. „Bestimmte Merkmale von Kiez-Sprache könnten sich auf die Majoritätssprache ausbreiten und zu einem urbanen Dialekt führen, wie das zum Beispiel für New York beobachtet wurde", prognostiziert Heike Wiese.

Die Internet-Enzyklopädie Wikipedia befindet bereits zum Stichwort „Kanaksprak": „Innerhalb der Mainstream-
60 kultur entstehen die ersten rohen Entwürfe für eine ethnizistische Struktur in Deutschland." Auch wenn in deutschen Raptexten weiter auf tiefstem Niveau gepöbelt wird und bei weitem nicht alles, was man auf Kreuzberger Schulhöfen hören kann, sich durch besondere sprachliche Qualität auszeichnet: Der neue Ethnolekt des Deutschen nimmt Einfluss auf die Hochsprache. Nicht nur im negativen Sinn.

Aufgabe

1. Erschließen Sie aus dem Text die verschiedenen Positionen zum Einfluss multi-ethnischen Sprechens auf die Standardsprache.

2. Setzen Sie sich mit diesen Positionen und deren Begründungen auseinander, und nehmen Sie Stellung.

3. Erläutern Sie die Aussage, dass Mehrsprachigkeit zu einer „Steigerung der Sprachkompetenz im Deutschen" (Z. 31) beitrage.

Text

Mittelgroße Katastrophe:
Eine Million sprachloser Jugendlicher

Ein alltägliches Ausnahmeerlebnis: Dönerbude oder Kassenschlange im Supermarkt. Deutsche, türkische und aus Russland stammende Jugendliche reden miteinander. Ihr gesprochenes Deutsch ist fehlerhaft. Grammatik, Lexik und Aussprache weichen ganz erheblich von den anerkannten Regeln ab.

Zunächst möchte der Zuhörer gern glauben, Zeuge einer sprachlichen Spielerei zu sein, doch lässt sich diese Illusion nur kurze Zeit aufrechterhalten. Nach einigen Minuten ist die Erkenntnis nicht mehr zu unterdrücken: Diese jungen Menschen können kein Deutsch. (…)

Aufgabe

1. Diskutieren/Erörtern Sie die Aussage: „Jugendsprache" – Ausdruck des Sprach- und Kulturverfalls?

Kreative Aufgabe

1. Verkehrte Welt: Gestalten Sie Gesprächssituationen, in denen Sprecher einen nicht-situationskonformen Sprachcode verwenden.

Tipp zur Weiterarbeit

1. Untersuchen Sie Ihren eigenen Codewechsel: Gespräche mit den Eltern/Gespräche mit Geschwistern/Pausengespräche in der Schule/Beiträge im Unterricht/Vorstellungsgespräch für ein Praktikum usw.

2. Im Online-Bereich von Klett finden Sie weitere Texte zum Thema Jugendsprache.

Online Link
·Zusatztexte
Jugendsprache
347493-0001

Lektüretipp

1. Eva Neuland: Jugendsprache. Eine Einführung, Stuttgart 2008

2.3 Situative Dimension: Werbesprache – semantische Aufwertungen

Text

**FEEL GOOD SHOWER GEL CHILL-OUT
für alle Hauttypen**

Das neue feel good shower gel chill-out mit feiner Orchidee verwöhnt dich und schmeichelt deiner Haut. Es reinigt die Haut besonders sanft und verleiht dank pflegender Feuchtigkeitsspender ein super zartes Hautgefühl. Für spürbar weiche Gute-Laune-Haut!

Text

Unser Tipp für einen Luxus-Relax-Nachmittag: Mach' aus deinem Bad eine kleine Wellness-Oase

Stell' Duftkerzen auf, leg' eine schöne CD ein und lass' dir ein Verwöhnbad einlaufen – zum Beispiel mit dem neuen Relaxing Care Cream Bath. Anschließend die Body Lotion sanft einmassieren – und ab auf die Couch mit einem schönen Buch und deinem Lieblingstee.

Aufgabe

1. Wie entsteht aus einem einfachen Waschmittel ein feel good shower gel chill-out? Untersuchen Sie die beiden Werbetexte mit Hilfe der folgenden Übersicht zur semantischen Aufwertung.

Zu den besonderen **sprachlichen Mitteln der Werbesprache** gehören nach Ruth Römer (1968/1976) **semantische Aufwertungen**.

Sie versteht darunter, „dass von den angebotenen Waren mit Worten gesprochen wird, die bei einem ausgewogenen Verhältnis zwischen Wort und Sache nicht gewählt würden. Die Gegenstände werden mit der Sprache aufgewertet. Sie werden in der Hierarchie der Werte, die in der Sprache beschlossen ist, um eine oder mehrere Stufen heraufgerückt. Die Gegenstände, die benannt oder charakterisiert werden müssen, sind wohl gut und haben ihren Wert, aber sie werden mit Wortinhalten, also mit semantischen Mitteln, auf eine höhere Stufe gestellt, als ihnen zukommt." (Römer 1968, S. 85)

Semantische Aufwertungen entstehen im Zusammenwirken formaler und inhaltlicher Gesichtspunkte und beziehen sich auf „eine durchschnittliche Welt- und Spracherfahrung" (ebd.).

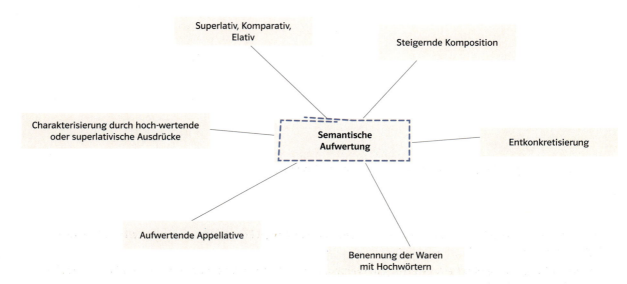

2 Ausgewählte Varietäten und Standardsprache
2.3 Situative Dimension: Werbesprache – semantische Aufwertungen

Semantische Aufwertung	Erläuterung	Zusatzhinweise: Varianten, Funktion und Wirkung
Steigernde Komposition	– gehört eigentlich noch in den Bereich der Wortbildung – realisiert durch steigernde Vorsilben (Präfixe), Substantive oder Adjektive mit wertendem, wertneutralem oder quantifizierenden Charakter	– **aktiv-**: Aktiv-Puder – **hoch-**: hochwertig – **intensiv-**: Intensivpflege – **Luxus-**: Luxushotel – **Mikro-**: Mikrofasertuch – **multi-**: Multivitaminpräparat – **Sonder-**: Sonderangebot – **Super-**: Superkraftstoff – **Traum-**: Traumreise – **ultra-**: ultraleicht
Entkonkretisierung	Abgehen von konkreten Bezeichnungen zu Abstrakta mit einem höheren Eindruckswert	– von **Zahnpasta** zu **Zahncreme**, Zahnkosmetik – von **Fußbodenbohnern** zu **Bodenpflege**
Benennung der Waren mit Hochwörtern	Bezeichnungen entstammen häufig gesellschaftlich angesehenen Namensbereichen	– **Poesie, Mythologie, Adel, Ränge, Kultur, Geschichte** – z. B. Fürst von Metternich, Fürst Bismarck, Diplomat
Aufwertende Appellative	Beschönigungen (Euphemismen) durch Bezeichnungen, die angesehener sind und oftmals eine größere Ausdehnung, Wirkung oder Leistung versprechen	– **Imbisshalle** statt **Wurstbude** – **Wertgutschein** statt **Bestellzettel**
Charakterisierung durch hoch-wertende oder superlativische Adjektive	viele Varianten (s. auch steigernde Komposition)	– **abenteuerlich**: abenteuerlich wild im Geschmack – **aktiv**: aktiver Sonnenschutz – **aufregend**: aufregende Süße – **ideal**: ideale Pflege – **vollendet**: vollendeter Kaffeegenuss
Superlativ, Komparativ, Elativ	verschiedene Möglichkeiten; häufig Alleinstellungswerbung oder vergleichende Werbung	– **bestimmter Artikel mit demonstrativer Funktion:** Der Sherry, der einen Namen hat (Dry Sack Sherry) – **sinngemäß superlativische Ausdrücke:** Deutscher Wein – einzig unter den Weinen – **Komparativ:** Fachinger – Sie können nichts Besseres trinken! – **Superlativ** – **Elativ**

Aufgabe

1. Suchen Sie weitere Beispiele, und tragen Sie sie in die Tabelle ein.

Kreative Aufgabe

1. Machen Sie aus einfachen Gebrauchsgegenständen hoch begehrte Konsumprodukte. Gestalten Sie eigene Anzeigenwerbung.

2. Entlarven Sie die semantische Aufwertung in Werbetexten, indem Sie ein ausgewogenes Verhältnis zwischen Wort und Sache herstellen.

Die Werbesprache zählt zu den Funktionalstilen bzw. zu den Funktiolekten, wie etwa die Presse- und Mediensprache. Bei der Werbesprache geht es weder um eine räumliche (wie z. B. bei den Regiolekten oder Dialekten) noch um eine soziale (wie z. B. bei den Soziolekten), sondern um die situative Dimension. „Situativ" meint hier vor allem die spezifischen Kommunikationsbedingungen, die Kommunikationssituation und die Kommunikationsabsicht.

Text

Andreas Amsler: Werbesprache und ihre Kommunikationsbedingungen

Um die Werbewirkung und den Einfluss ihres Sprachgebrauchs angemessen einschätzen zu können, ist es nötig, die spezifischen Kommunikationsbedingungen zu beachten. Zweck der Werbung ist es, bei einem Publikum bestimmte Konsumentscheide bzw. Einstellungen zugunsten von Produkten, Dienstleistungen oder Werten zu beeinflussen bzw. zu fördern. Um bei einem Publikum eine möglichst hohe und konstante Aufmerksamkeit erregen zu können,
5 muss die Werbebotschaft mit immer neuen Auffälligkeiten aufwarten. Der Anzeigenwerbung stehen dazu in erster Linie visuelle und sprachliche Mittel zur Verfügung, die möglichst zweckmäßig einzusetzen sind.

Für Manuela Baumgart ist Werbesprache deshalb ein ausschließlich von seinen Funktionen her bestimmtes Kommunikationsmittel, dessen „Legitimation (…) einzig und allein aus diesem Zweck" resultiert. Stimmen wir dem zu, so ist der Sprachgebrauch der Werbung hauptsächlich unter dem Aspekt der Zweckmäßigkeit zu bewerten. Wie
10 Nina Janich richtig bemerkt, hat die Perspektive der Zweckmäßigkeit auch deshalb Vorrang, weil Werbesprache keine eigene Sprechwirklichkeit besitzt.

Aufgabe

1. Untersuchen Sie weitere aktuelle Werbetexte, und achten Sie dabei besonders auf den Einsatz sprachlicher Mittel und die spezifischen Kommunikationsbedingungen (Zielgruppe, Medium, Werbeabsicht).

2. Stellen Sie Vermutungen darüber an, ob und inwiefern die Werbesprache ihren Zweck erfüllt.

Lektüretipp

1. Nina Janich: Da werden Sie geholfen? Zur Frage eines „guten" Deutsch in der Werbung. In: Armin Burkhardt (Hrsg.): Was ist gutes Deutsch? Studien und Meinungen zum gepflegten Sprachgebrauch, Duden Thema Deutsch Bd. 8, Mannheim 2007, S. 228–240

2 Ausgewählte Varietäten und Standardsprache

2.4 Übergangsvarietäten: Gastarbeiterdeutsch und Lernervarietäten

2.4 Übergangsvarietäten: Gastarbeiterdeutsch und Lernervarietäten

Übergangsvarietäten oder Lernervarietäten stellen im Gegensatz zu den Mischvarietäten (z. B. Deutsch und Englisch – Denglisch) nur eine Übergangsphase beim Erlernen einer neuen Zielsprache dar. Sprachlich charakteristisch für die Übergangsvarietät sind Vereinfachungen der strukturellen Muster der Zielsprache, wie z. B. der sogenannte „Gastarbeiterinfinitiv". Dazu kommen ein starker Akzent, ein relativ kleiner Wortschatz und simple Satzkonstruktionen.

Text

ICH HABE FERTIG!

Die berühmt-berüchtigte Pressekonferenz des Giovanni Trapattoni

„Ist klar diese Wörter, ist möglich verstehen, was ich hab' gesagt? (…) Ich habe erklärt mit
5 diese zwei Spieler: Nach Dortmund brauchen vielleicht Halbzeit Pause. Ich habe auch andere Mannschaften gesehen in Europa nach diese Mittwoch. Ich habe gesehen auch zwei Tage die Training. Ein Trainer ist nicht ein Idiot! Ein
10 Trainer sehen was passieren in Platz. In diese Spiel es waren zwei, drei oder vier Spieler, die waren schwach wie eine Flasche leer! (…) Wissen Sie, warum die Italien-Mannschaften kaufen nicht diese Spieler? Weil wir haben ge-
15 sehen viele Male solche Spiel. Haben gesagt, sind nicht Spieler für die italienische Meisters.

Struuunz! Strunz ist zwei Jahre hier, hat gespielt zehn Spiele, ist immer verletzt. Was erlauben Strunz?! Letzte Jahre Meister geworden
20 mit Hamann, eh …, Nerlinger. (…) Haben viele Kollegen, stellen sie die Kollegen in Frage! Haben keine Mut an Worten, aber ich weiß, was denken über diese Spieler. Mussen zeigen jetzt, ich will, Samstag, diese Spieler mussen
25 zeigen mich, eh …, seine Fans, mussen alleine die Spiel gewinnen. Muss allein die Spiel gewinnen! Ich bin müde jetzt Vater diese Spieler, eh …, verteidige immer diese Spieler. Ich habe immer die Schulde … über diese Spieler. Einer
30 ist Mario, einer, ein anderer ist Mehmet. Strunz dagegen, egal, hat nur gespielt 25 Prozent der Spiel. Ich habe fertig!"

Aufgabe

1. Untersuchen Sie die legendäre Wut-Rede des Italieners Giovanni Trapattoni, der sich als Trainer beim FC Bayern München am 10. März 1998 hauptsächlich über seine Spieler Thomas Strunz, Mario Basler und Mehmet Scholl ärgerte, die ihn zuvor nach drei Niederlagen wegen seiner Mannschaftsaufstellung kritisiert hatten. Welche Charakteristika einer Übergangsvarietät können Sie der Erklärung Trapattonis entnehmen?

2. Die Schlussaussage „Ich habe fertig!" ist inzwischen ein geflügeltes Wort in der deutschen Sprache geworden. Worauf führen Sie dies zurück?

Kinder haben beim Erstspracherwerb ihr eigenes Ausdruckssystem, genauso wie Erwachsene, die eine zweite oder dritte Sprache lernen. Diese Übergangsvarietät oder Lernervarietät wird auch als Interimssprache *(interlanguage)* bezeichnet und stellt ein eigenes variationsreiches System auf dem Weg zur Zielsprache dar.

Dabei sind folgende Übergänge möglich:

Diglossie	Codeswitching (Codewechsel)	Transfer	Sprachwechsel (Sprachverlust)
Funktionelle Verteilung der Varietäten	Wechsel der Varietät innerhalb einer Diskurseinheit	Veränderung einer Varietät nach dem Muster einer anderen	Aufgabe der eigenen Varietät zugunsten einer anderen
Jede Varietät hat einen spezifischen Anwendungsbereich	Gemischtes Auftreten beider Varietäten in sprachlichen Äußerungen	Übertragung von Einheiten einer Varietät auf die andere	Gegenteil: Sprachloyalität

Aufgabe

1. Von der Diglossie bis zum Sprachwechsel (Sprachverlust). Erläutern Sie anhand konkreter Beispiele unterschiedliche Formen der Übergangsvarietäten.

3 Sprachvielfalt der deutschen Standardsprache: Stilebenen, Funktionalstile und Sprachregister

3.1 Das traditionelle Stilschichtenmodell

Angeregt von einem Konzert, bei dem verschiedene Variationen eines Themas von Johann Sebastian Bach gespielt wurden, verfasste der Franzose Raymond Queneau im Jahre 1947 sein Buch „Stilübungen" („Exercices de style"), in dem er eine banale Begebenheit in einem Pariser Autobus zum Anlass für 108 Variationen dieser fiktiven Geschichte nutzt. Hier folgen zwei Beispiele:

Beispiel 1

O Füllhalter du mit Platinfeder, dass dein Lauf rasch und ohne Anstoß die alphabetischen Zeichen, die den Menschen mit funkelnden Brillen die narzisstische Erzählung einer doppelten Begegnung autobusilistischen Anlasses übermitteln, auf das Papier mit geglättetem Rücken schreibe. Stolzer Renner meiner Träume, treues Kamel meiner literarischen Taten, schlanker Springbronn gezählter, gewogener und erwogener Worte, schildere die lexikographischen und syntaktischen Kurven, die die geringfügige da lächerliche Erzählung der Taten und Gesten dieses jungen Mannes graphisch formen sollen, der eines Tages, ohne zu ahnen, dass er der unsterbliche Held meiner mühseligen Schriftstellerei werden würde, den Autobus S bestieg. Laffe mit langem Halse, von einem mit geflochtener Kordel umschlungenen Hut überdacht, hitzköpfiger, widerspenstiger, mutloser Kläffer, der du, den Wirrwarr fliehend, deinen Hintern, diesen Ernter zahlreicher Arschtritte, auf eine gehärtete Holzbank niedersetztest, …

(Raymond Queneau, Apostrophe, S. 77 f.)

Beispiel 2

'S war was über Mittag, als ich in'n Ess steigen konnte. Ch steig also ein, ch zahl meinen Platz wie sichs gehört, und schon bemerk ich da so'n bekloppten Stenz mit nem Hals wie'n Teleskop und ner Art Schnur umn Deckel. Ch glotz n, weil ich n doof finde, als er so Knall und Fall anfängt, seinen Nachbarn anzuquatschen. Sagn Se mal, fauchtern an, können Sie nich aufpassen, setzter hinzu, man könnte meinen, greinter, dass Se's absichtlich tun, blubberter, mir die ganze Zeit auf die Quanten zu treten, sagter. Drauf gether stolz wie'n Spanier weg und knallt sich hin. Wie'n Sack.

(Raymond Queneau, vulgär, S. 64)

Aufgabe

1. Erstellen Sie eine standardsprachliche Fassung dieser kurzen Alltagsbegebenheit.

2. Charakterisieren und benennen Sie die Stilebenen der beiden vorliegenden Fassungen, und vergleichen Sie diese mit der standardsprachlichen Fassung. Achten Sie dabei insbesondere auf die emotionale Färbung der jeweiligen Stilebene. Welche Funktion kommt der Standardsprache zu?

Die Einteilung in Stilschichten oder Stilebenen geht auf die drei Stilarten (genus sublime/grande, genus medium, genus subtile) der antiken Rhetorik zurück. Das traditionelle Stilschichtenmodell unterscheidet folgende Stilebenen/Stilschichten: Kunstsprachlich/gehoben; normalsprachlich/gehoben; normalsprachlich; umgangssprachlich/gesenkt

Die einer Stilschicht zugeordneten Wörter (stilistisch markierte Wörter) werden durch ihre Konnotationen wie poetisch, salopp oder vulgär weiter differenziert. Das traditionelle Stilschichtenmodell unterscheidet daher – neben der emotional neutralen Stilschicht „normalsprachlich" (Standardsprache) – auch emotional markierte Stilschichten, die als Emotiolekte bezeichnet werden. (Vgl. Tabelle S. 27)

Welche Stilebene/Stilschicht in welcher Situation verwendet wird, hängt von unterschiedlichen äußeren Umständen, von pragmatischen Faktoren ab. Beispielsweise

- vom Verhältnis zwischen Sender und Empfänger (z. B. familiär, übergeordnet, untergeordnet)
- vom Bekanntheitsgrad zwischen Sender und Empfänger (z. B. fremd, bekannt, befreundet)
- von der Kommunikationsart (z. B. mündlich, schriftlich)
- von der Gesprächssituation (z. B. beruflich, unter Freunden)
- von der Stellung in der Gesellschaft (z. B. Oberschicht, Mittelschicht, Zwischenschicht)

3 Sprachvielfalt der deutschen Standardsprache: Stilebenen, Funktionalstile und Sprachregister
3.1 Das traditionelle Stilschichtenmodell

Stilebene/Stilschicht	Definition	Beispiele
gehoben	Wörter, die bei feierlichen Anlässen und gelegentlich in der Literatur verwendet werden	Brodem für Dunst anheimgeben für überlassen
bildungssprachlich	Wörter (meist Fremdwörter), die eine hohe Allgemeinbildung voraussetzen	Koryphäe für Experte adäquat für gleichwertig
dichterisch	Wörter, die hauptsächlich noch in literarischen Texten vorkommen	Aroma für Geschmack elysisch für herrlich
umgangssprachlich	Wörter, die im alltäglichen Umgang und meist in gesprochener Sprache vorkommen. Sie gehören nicht zur Standardsprache, sind aber weit verbreitet und akzeptiert	Frittenbude für Imbiss Grips für Intelligenz abgeschlafft für müde
salopp	Wörter, die meist eher nachlässig gebraucht werden	Anschiss für Rüge behämmert für lächerlich
familiär	Wörter, die im engeren Freundeskreis oder in der Familie verwendet werden	ein Nickerchen machen für ruhen
Jargon	Wörter, die in bestimmten, etwa durch Milieu oder Beruf geprägten Kreisen verwendet werden	Demo für Demonstration hip für zeitgemäß
derb	Wörter, die eine grobe und gewöhnliche Ausdrucksweise kennzeichnen	abkratzen für sterben sich den Arsch aufreißen für sich engagieren
vulgär	Wörter, die in eher verletzender Weise auf den Sexual- und Fäkalbereich bezogen sind	nageln für Geschlechtsverkehr haben

Aufgabe

1. Suchen Sie weitere Beispiele (Nomina, Adjektive, Verben, idiomatische Wendungen) für die in der Tabelle angeführten Stilschichten. Verwenden Sie dazu ein Stil- oder Synonymwörterbuch. Tragen Sie die Beispiele in die Tabelle ein. Beschreiben Sie auch den jeweiligen Verwendungszusammenhang.

Kreative Aufgabe

1. Setzen Sie die Stilübungen von Raymond Queneau fort, und verfassen Sie weitere Varianten der banalen Alltagsbegebenheit auf anderen Stilebenen/Stilschichten.

Tipp zur Weiterarbeit

1. In seinem Essay „Im Irrgarten der Intelligenz. Ein Idiotenführer" (Frankfurt a. M. 2007) setzt sich Hans Magnus Enzensberger mit der Geschichte und den Tücken der Verfahren zur Bestimmung der Intelligenz auseinander. In den ersten drei Kapiteln geht er insbesondere auf die Herkunft des Wortes Intelligenz und auf die „Artenvielfalt" des „Begriffscontainers" Intelligenz und von deren Abwesenheit ein.
Im Online-Bereich von Klett finden Sie den Text mit Anregungen zur Weiterarbeit.

Online Link
Zusatztext
H. M. Enzensberger
347493-0002

3.2 Funktionalstile – künstlerischer, fachsprachlicher, publizistischer und alltagssprachlicher Stil

Beispiel 1

§ 12 Belegungsverpflichtungen

(1) Die Belegungsverpflichtungen in der Qualifikations-
phase ergeben sich aus der Anlage 3. Die Schülerinnen und Schüler haben im Durchschnitt mindestens
34 Wochenstunden zu belegen. Die Prüfungsfächer sind
durchgehend zu belegen. Die Ergänzungsfächer sind vor
Beginn eines jeden Schuljahres für die folgenden zwei
Schulhalbjahre zu belegen. Die Wahlfächer sind jeweils
mindestens für ein Schulhalbjahr zu belegen.

(Auszug aus der Verordnung über die gymnasiale Oberstufe Nieder-
sachsen, S. 22)

Beispiel 2

Klassen im Kampf

Zehntausende Schüler und Studenten haben am Mittwoch für eine bessere Bildung demonstriert. Auf ihren
Kundgebungen in ganz Deutschland forderten sie
unter anderem „kostenlose Bildung für alle". Trotz
des nasskalten Wetters gingen in Städten wie Hamburg,
Hannover, München, Stuttgart oder Berlin viele junge
Menschen auf die Straße. Die Proteste blieben meist
friedlich. In der Hauptstadt stürmten etwa 1000 Schüler
kurzzeitig die Humboldt-Universität. Unter dem Motto
„Bildungsblockaden einreißen" hatten verschiedene
Schüler- und Studentengruppen zu dem bundesweiten
Streik aufgerufen. Manche Direktoren drohten den
Schulschwänzern mit Strafen.

(Süddeutsche Zeitung vom 13.11.08)

Beispiel 3

Für die von euch, die es noch nicht wissen:
Ich studiere ostasiatische Sprachen und Religionswissen-
schaft.
Das bedeutet: Ich habe es vor allem mit Linguisten und
Soziologen zu tun.
Es. ist. der. Horror.
Der blanke Horror.
Diese Menschen sprechen kein Deutsch mehr. Woran
merke ich das?
Ganz einfach: Ich habe ein Entspannungsgefühl, wenn
ich gen 23 Uhr einen englischen Text lese.
Die wissenschaftlichen Arbeiten, die ich für diverse
Seminare lesen muss, sind so auf Teufel komm raus mit
Worthülsen vollgepfropft, es ist zum Heulen.

(Auszug aus einem Internetforum: Blue Lion. 27.07.2008. 20:39)

Beispiel 4

Die Bahnhofsuhren in den verästelten Trakten des Ana-
tomischen Instituts ließen die Sekundenzeiger schleichen
und auf der Zwölf zögern, bis der Minutenzeiger aus
seiner Erstarrung ins nächste Fach fiel, wo er Haftan-
ker auszuschießen schien, in denen er wie betäubt,
gestaucht von den Puffern der vergangenen und der
bevorstehenden Minute, hängenblieb; (…)

(Uwe Tellkamp: Der Turm, Frankfurt a. M. 2008, S. 9)

Aufgabe

1. Bestimmen Sie mit Hilfe der Übersicht (vgl. S. 29) zu den Funktionalstilen den jeweiligen Stil der Texte 1–4.
Untersuchen Sie die Texte genauer im Hinblick auf die in der Tabelle angeführten Stilmerkmale und Sprach-
verwendungssituationen.

2. Definieren Sie den Begriff „Funktionalstile" (in Abgrenzung zu den Stilebenen/Stilschichten).

3. Untersuchen Sie eigene Chat-Texte im Hinblick auf typische Kennzeichen des alltagssprachlichen Stils.

3 Sprachvielfalt der deutschen Standardsprache: Stilebenen, Funktionalstile und Sprachregister

3.2 Funktionalstile – künstlerischer, fachsprachlicher, publizistischer und alltagssprachlicher Stil

Künstlerischer Stil	Fachsprachlicher Stil	Publizistischer Stil	Alltagssprachlicher Stil
Sprache der Literatur	Sprache der Wissenschaft (Technik, Wirtschaft, Verwaltung, …)	Sprache der Öffentlichkeit	Inoffizieller Sprachverkehr
Verwendet in: literarischen Werken	Verwendet in: wissenschaftlichen Werken, technischen Anleitungen, Vertragstexten, amtlichen Erlassen, …	Verwendet in: öffentlichen Massenmedien, in der Werbung, in der Politik	Verwendet in: alltäglichen Kommunikationssituationen
Meist schriftlich, aber auch mündlich: Lesung, Theater, Hörspiel …	Meist schriftlich, aber auch im mündlichen Verkehr in den Fachbereichen (= Berufsslang)	In geschriebener und gesprochener Form	Meist mündlich, aber auch schriftlich möglich (private Korrespondenz)
Ästhetische Funktion	Exakt bezeichnende Funktion	Übermittelnde Funktion	Allgemein-mitteilende Funktion
Ziel: Entautomatisierung der Rezeption	Ziel: Begriffsklarheit (Ausschluss von Mehrdeutigkeit)	Ziel: Informationsvermittlung, Meinungsbildung	Ziel: Verständigung im Alltag
Kennzeichen: – standard- und nichtstandard-sprachliche Mittel – Ausschöpfen des „metaphorischen Potenzials" – poetische Freiheiten	Kennzeichen: – Termini, standardsprachliche Ausdrücke in terminologischer Bedeutung – fachsprachlich markierte Klischees (Phrasemen, v.a. im Amtsstil) – häufig vorgeschriebene Wendungen	Kennzeichen: – Stilmischung mit dem Ziel der Erhöhung der Wirkung – Herausbildung konstanter Klischees – Emotionalisierung, Wecken von Interesse – übernimmt Elemente aus anderen Funktionalstilen = Hauptträger des sprachlichen Standards	Kennzeichen: – neutral: Vermeidung gehobener Ausdrucksmittel – parataktischer Satzbau – oft elliptisch: gemeinsamer Kontext der Kommunikationspartner – Sprachökonomie: Tendenz zur Kürze – Einflüsse aus regionalen und sozialen Varietäten (≠ Dialekt/Soziolekt) = alltagssprachliche Schicht der Standardsprache

Kreative Aufgabe

Rotkäppchen auf Amtsdeutsch

Im Kinderfall unserer Stadtgemeinde ist eine hierorts wohnhafte, noch unbeschulte Minderjährige aktenkundig, welche durch ihre unübliche Kopfbekleidung gewohnheitsmäßig Rotkäppchen genannt zu werden pflegt. Der Mutter besagter R. wurde seitens ihrer Mutter ein Schreiben zustellig gemacht, in welchem dieselbe Mitteilung ihrer Krankheit und Pflegebedürftigkeit machte, worauf die Mutter der R. dieser die Auflage machte, der Großmutter eine Sendung von Nahrungs- und Genussmitteln zu Genesungszwecken zuzustellen. Vor ihrer Inmarschsetzung wurde die R. seitens ihrer Mutter über das Verbot betreffs Verlassens der Waldwege auf Kreisebene belehrt (…)

1. Schreiben Sie die Rotkäppchen-Variante auf Amtsdeutsch zu Ende.

2. Verfassen Sie weitere Rotkäppchen-Varianten (Parodien) zu anderen Funktionalstilen (Juristendeutsch, künstlerischer Stil …), und machen Sie durch Überzeichnungen die Besonderheiten des jeweiligen Funktionalstils deutlich.

Tipp zur Weiterarbeit

1. Untersuchen Sie den fachsprachlichen Stil z.B. in technischen Anleitungen, Vertragstexten, amtlichen Erlassen oder im Wirtschaftsteil einer Zeitung.

2. Untersuchen Sie den publizistischen Stil der aktuellen Pressesprache. Sie können dazu unterschiedliche Zeitungstypen (seriöse Presse, Boulevardpresse) oder einzelne Zeitungsrubriken (Politik, Wirtschaft, Kultur, Sport usw.) heranziehen.

Lektüretipp

1. Hans-R. Fluck: Zum „guten" Stil in Fachtexten. In: Armin Burkhardt (Hrsg.): Was ist gutes Deutsch? Studien und Meinungen zum gepflegten Sprachgebrauch, Duden Thema Deutsch Bd. 8, Mannheim 2007, S. 305–321

3.3 Sprachregister zwischen sprachlicher Höflichkeit und sprachlicher Tabuverletzung

Der folgende Text stammt aus einem Internet-Blog, in dem ein Autor über seine Arbeit reflektiert.

Text

Sprachregister

Mit jedem neuen Buch kann der Stil eines Autors sich ändern; am Anfang jeder Geschichte will der ureigene, zu diesem bestimmten Buchprojekt kompromisslos passende Ton gefunden werden. Die Stimmgabel ist gerade am Verklingen, ich habe ihn aufgenommen, den neuen Kammerton, glaube, dass ich damit werde arbeiten können. Er ist noch ein wenig ungewohnt in seinem Klang, manche Obertöne sind gänzlich neu für mich, wie für jemanden,
5 der bisher nur verschiedene Arten von Flöten gehört hat und eines Tages zum ersten Mal das Singen einer Geige vernimmt. Die Orgel, Königin der Instrumente, ist ein weiteres gutes Beispiel: Sie verfügt über eine gewisse Anzahl von Registern, die je nach Zuschaltung ein- und demselben Choral eine ganz andere Klangfarbe und damit unterschiedliche Wirkung auf die Zuhörer verleihen können. Nicht umsonst spricht man auch in der Sprachwissenschaft von sogenannten *Sprachregistern*. Es ist ein Unterschied, ob sich jemand folgendermaßen äußert:

10 *Was jemand, der redet, bei seinen Zuhörern für das Verständnis des Gesagten voraussetzt, ist ein Zwischending zwischen dem, was er unterschwellig, aber doch deutlich sagt, und dem, was man nur mit ganz viel Hintergrundwissen verstehen kann.*

… oder ob er statt dessen proklamiert:

Die Präsupposition bewegt sich in ihrer linguistischen Funktion gewissermaßen auf einer Skala zwischen der
15 *semantischen Implikation und der konversationellen Implikatur.*

Die beiden Äußerungen besagen im Grunde dasselbe. Sie bemühen allerdings jeweils ein anderes sprachliches Register, mittels dessen die Aussage transportiert wird (wobei man den zweiten Fall schon fast als Jargon bezeichnen könnte). Ist das nicht faszinierend? Gleichermaßen kann auch ein Autor mit verschiedenen Sprachregistern verschiedenes bei seinen Lesern erreichen. Wie oben angedeutet: Mein aktuelles, exklusiv für die Agentur entste-
20 hendes Projekt arbeitet mit Sprachregistern, die ich bislang nicht verwendet habe – auch und gerade in Dialogen. (Wusstet Ihr, dass ein Autor seine Figuren mittels Sprachregistern sogar charakterisieren kann?) Das ist eine schöne, eine bereichernde Erfahrung.

Aufgabe

1. Erschließen Sie, wie der Autor in seinem Blog die Sprachregister definiert und welche Funktion er ihnen in der Literatur zuschreibt?

Tipp zur Weiterarbeit

1. Untersuchen Sie literarische Texte im Hinblick auf die Verwendung von Sprachregistern.
Gut geeignet sind z. B. Gerhart Hauptmann: Die Ratten; Frank Wedekind: Frühlings Erwachen; Alfred Döblin: Berlin Alexanderplatz; Günter Grass: Katz und Maus; Ulrich Plenzdorf: Die neuen Leiden des jungen W.; Daniel Kehlmann: Ruhm. Ein Roman in neun Geschichten, darin vor allem S. 133–158.

3 Sprachvielfalt der deutschen Standardsprache: Stilebenen, Funktionalstile und Sprachregister

3.3 Sprachregister zwischen sprachlicher Höflichkeit und sprachlicher Tabuverletzung

Text

Wiedersehensfreuden

Wir haben uns gefreut, Sie nach langer Zeit wiederzusehen.

Ganz besonders erfreut waren wir über die Gelegenheit, sich mit Ihnen nach so langer Zeit wieder auszutauschen. Wir waren tief beeindruckt von Ihren Ausführungen.

Wir waren außerordentlich überrascht und erfreut, Ihnen wieder zu begegnen, und das Gespräch mit Ihnen war wie immer ganz besonders erfrischend.

Es war durchaus nicht unerfreulich, Sie gestern wieder einmal zu sehen.

Haben Sie Dank für unser gestriges Gespräch. Wir haben uns ganz besonders gefreut, Ihnen nach so langer Zeit wieder in die Arme zu laufen! Oft haben wir uns gefragt, wohin es Sie wohl verschlagen hat – ein schöner Zufall, der uns wieder zusammengeführt hat!

Es war toll, Dich wiederzusehen und wie in guten alten Zeiten zu quatschen. Du hast Dich ja gar nicht verändert!

Der Zufall führte uns wieder zusammen.

Mit witzigen Worten und wundervollem Gewand wussten Sie Ihre Bewunderer wieder einmal zu beeindrucken!

Man sieht sich im Leben immer zweimal – der gestrige Abend hat dieses gute Sprichwort wieder einmal glanzvoll bestätigt!

Die Welt ist klein!

Gedankt sei dem Schicksal, das uns so gnädig zusammengeführt hat! Sie sind immer noch der Stern, der uns alle überstrahlt, und wie vertraut war mir der goldene Klang Ihrer Stimme!

Was? Sie hier? Dolles Ding!

Unverhoffte Begegnung der dritten Art

Zauberhaftes Wiedersehen

Es war ein großes Glück, Sie nach langer Zeit wieder in Augenschein nehmen zu können

Ich war angenehm berührt von der gestrigen Zufallsbegegnung.

Aufgabe

1. Bestimmen Sie zunächst den Situationskontext und das Sprachregister der jeweiligen Sprechsituation. Bringen Sie dann durch eine szenische Lesung die jeweilige Wiedersehensfreude zum Ausdruck. Sie können im Kurs auch mit verteilten Rollen die unterschiedlichen Sprachregister „ziehen".

2. Gestalten und inszenieren Sie ein unerfreuliches Wiedersehen, bei dem es zu sprachlichen Tabuverletzungen kommt. Wiederholen Sie die unerfreuliche Wiedersehensszene. Vermeiden Sie aber diesmal bewusst sprachliche Tabuverletzungen, und verwenden Sie angemessene Formen sprachlicher Höflichkeit.

Kreative Aufgabe

1. Erzählen Sie eine selbst gewählte Alltagsbegebenheit in verschiedenen Sprachregistern.

4 Tendenzen der Gegenwartssprache – Verschiebungen im Varietätensystem

Text

Jochen A. Bär: Deutsch im Jahr 2000 – Eine sprachhistorische Standortbestimmung

Für die Betrachtung einiger signifikanter Eigentümlichkeiten der deutschen Gegenwartssprache werden im Folgenden vier kulturhistorische Tatsachenkomplexe herausgegriffen und mit sprachlichen Phänomenen und Tendenzen in Zusammenhang gebracht: die gesellschaftlichen Veränderungen nach dem 2. Weltkrieg (verstärkt
5 seit den 1960er Jahren), die Entwicklung der Massenmedien einschließlich der neuen Medien, die kommerzielle und kommunikative Globalisierung und die europäische Integration. (…)

Die Frage, wie sich die deutsche Sprache an der Jahrtausendwende spezifisch von früheren historischen Perioden unterscheidet, lässt sich mit Blick auf die eine oder andere Ebene des Sprachsystems (z. B. Wortschatz, Grammatik
10 Textsortenspektrum) kaum sinnvoll beantworten, einfach deswegen, weil es „das" Sprachsystem des Deutschen in der Realität nicht gibt. Die deutsche Sprache im Sinne der gegenwärtigen Betrachtungen ist keine einheitliche, feste Größe, sondern als System nur eine Gesamtheit von Subsystemen, den so genannten Varietäten. (…)

All diese Aspekte sind zu berücksichtigen, wenn Aussagen über Veränderungen etwa im Wortschatz oder der Grammatik gemacht werden. Eine Anglizismenflut in der Werbesprache oder ein Übergang von syntaktischen
15 Fügungen zu inkorporierenden Wortbildungen im Cyberslang sind nicht Beispiele für eine Veränderung „der" deutschen Sprache überhaupt, sondern immer nur solche für eine Veränderung einzelner Varietäten.

Auffällig ist jedoch eine spezifische Verschiebung im Varietätensystem selbst, die man unter verschiedenen Aspekten jeweils als Ausgleich (Einebnung von Unterschieden) charakterisieren könnte. In den Blick genommen werden im Folgenden drei Punkte: ein Ausgleich zwischen Varietäten und Standardsprache, ein Ausgleich zwischen gesproche-
20 ner und geschriebener Sprache und ein Ausgleich der Stilebenen.

a) Eine Öffnung der Grenze zwischen Varietäten und Standardsprache lässt sich insbesondere im Bereich der regionalen Varietäten (Dialekte) erkennen. Letztere existieren heute nicht mehr in der gleichen Weise wie noch in der ersten Hälfte des 20. Jahrhunderts. Vor allem die akustischen und audiovisuellen Massenmedien trugen entscheidend zum Rückgang der Dialekte nicht nur aus der geschriebenen, sondern auch aus der gesprochenen Sprache
25 bei. Dieser Rückgang hängt allerdings auch mit dem Ende des 2. Weltkrieges und der Vertreibung von mehr als 10 Millionen Menschen aus den deutschsprachigen Gebieten in Osteuropa und Ostmitteleuropa zusammen. Das jahrhundertealte Gefüge der deutschen Dialekte veränderte sich dadurch von Grund auf. Mundartgebiete wie Pommern und Schlesien verschwanden von der Sprachlandkarte, und die massenhafte Umsiedlung von Sprecherinnen und Sprechern dieser Dialekte in andere Dialektgebiete zerstörte auch deren Geschlossenheit. Während
30 bis 1945 für die überwiegende Mehrzahl aller Deutschen ihre jeweilige Mundart die erste Sprache war und die Standardsprache erst später oder sogar nie gelernt wurde, wachsen heute viele Menschen mit der Standard-sprache (allerdings meist in der einen oder anderen regionalen Färbung) auf. Dabei ist ein Funktionswandel des Dialektgebrauchs zu konstatieren:
„Er wird weniger für die allgemeine Alltagskommunikation verwendet, mehr bei speziellem Bedarf: beim gesel-
35 ligen, witzigen, emotionalen Reden gegenüber persönlich Vertrauten. Wo Dialekt oder Regiolekt nicht mehr zur Verfügung steht, in heimatsprachlich entwurzelten und standardsprachlich aufgewachsenen Bevölkerungsteilen, da tritt an Stelle regionalen Sprachgebrauchs für solche Funktionen ein kaum mehr regionalspezifischer allge-meiner neuer Substandard, der u.a. von unkonventionell sprechenden Fernsehmoderatoren und in der Jugend-sprache verbreitet wird. (…)" (Polenz 1999, 459)
40 Eine andere Verschiebung im Varietätenspektrum zeigt sich auf dem Gebiet der Fachsprachen. Diese „legen sich (…) wie in großer Kranz (…) um die Gemeinsprache und wirken in vielfältiger Form auf sie ein" (Weinrich 1984, 94). Insbesondere im Wortschatz gibt es starke Einflüsse. (…) Immer mehr fachsprachliche Termini finden heute – oft als bildungssprachliches Wortgut – Eingang in die Allgemeinsprache. (…)

b) Ein Ausgleich zwischen gesprochener und geschriebener Sprache wird von der Forschung auf unterschiedlichen
45 Ebenen des Sprachsystems anhand konkreter Sprachwandelphänomene konstatiert. (…)
So beschreiben Glück/Sauer (1990, 58) eine „Tendenz, die normgerechte Markierung von Akkusativobjekten
durch die entsprechenden Endungen aufzugeben" („Kein Schutt abladen!"; Ähnliches gilt auch für den Dativ
(„Durchfahrt verboten, außer Bewohner und Versorgungsfahrzeuge" ebd., 59 f.). (…)
Als Reflex der gesprochenen Sprache im syntaktischen Bereich deutet Weinrich (1984, 97) eine Tendenz der
50 deutschen Gegenwartssprache zur Reduktion der Satzklammer („Die Sonne geht nicht unter in meinem Reich"
statt „Die Sonne geht in meinem Reich nicht unter").
Ähnliches gilt für die seit Jahren diskutierte Verbzweitstellung im kausalen Nebensatz mit weil („Ich kann nicht
mit in die Kneipe, weil: Ich bin anderweitig verabredet"). Das Phänomen erregte auch außerhalb der Sprachwissenschaft weithin Aufmerksamkeit. Sprachpflegerisch gesinnte Zeitgenossen gründeten eine Aktionsgemein-
55 schaft „Rettet den Kausalsatz" (Wegener 1999, 3); in Hamburg wurde 1994 in einer Gymnasialklasse auf
Anregung des Deutschlehrers jeder weil-Satz mit Verbzweitstellung als „sprachliche Schlamperei" mit einer
Geldbuße belegt (ebd.). Die Linguistik sieht heute in der beschriebenen Satzstellung jedoch gemeinhin nicht
mehr einen Bruch der Satzkonstruktion (Anakoluth) und damit einen Regelverstoß, sondern ein „Spezifikum
der gesprochenen Sprachform" (Glück/Sauer 1990, 49). In neueren Grammatiken wird die Konstruktion
60 üblicherweise berücksichtigt, bisweilen schon als (in manchen Kontexten) regelkonform gesehen und für
bestimmte Redezusammenhänge sogar empfohlen. (…)

c) Eng mit dem Ausgleich zwischen Varietäten und Standardsprache und dem Ausgleich zwischen gesprochener
und geschriebener Sprache einher geht ein Ausgleich der Stilebenen. Gemeint ist damit eine Tendenz zum allgemeinsprachlichen Verzicht auf stilistisch gehobene Varianten einerseits, zur Aufwertung ehemals als niedrig
65 empfundener Varianten andererseits. (…)
Am unteren Rand des Stilspektrums lässt sich hingegen beobachten, dass noch bis vor kurzem als derb,
schmutzig oder unanständig empfundene Wörter diese Markierung nach und nach verlieren und salonfähig
werden. (…)
Unter den drei vorstehend erläuterten Aspekten zeigt sich das Deutsche als eine Sprache, in der zwar keineswegs
70 alle varietätenspezifischen Unterschiede weggefallen sind, die Grenzen zwischen den Varietäten aber insgesamt
gesehen immer unschärfer werden.
(…) es handelt sich um einen Prozess, für den oben mit Bedacht der Ausdruck „Verschiebung im Varietätenspektrum" gewählt wurde. Um eine räumliche Metapher zu verwenden: Es scheint, als ob in diesem Varietätenspektrum die weitgehend vertikale Ausrichtung des Oben und Unten, Besser und Schlechter, (…) wieder stärker
75 zu einer horizontalen Ausrichtung des Nebeneinander tendiere. (…)

Aufgabe

1. Fassen Sie die Veränderungen im Varietätensystem der deutschen Sprache stichpunktartig zusammen,
und belegen Sie diese Veränderungen mit konkreten Beispielen.

2. Erläutern Sie den Zusammenhang zwischen wesentlichen gesellschaftlich-kulturellen Entwicklungen und
den Entwicklungstendenzen in der deutschen Gegenwartssprache.

3. Untersuchen Sie, wie die sprachlichen Veränderungen im Hinblick auf sprachliche Normen von Sprachwissenschaftlern bewertet werden. Machen Sie dabei auch deutlich, welcher Begriff von Sprache und Sprachwandel
hier zugrunde liegt.

5 Modelle zur Erfassung der Multidimensionalität des Varietätenraumes der deutschen Sprache

Text

Heinrich Löffler: Die Varietäten des Deutschen

Die Grafik, die sich als eine Art „Sprachwirklichkeitsmodell" versteht, versucht die (…) Varietäten des Deutschen darzustellen. Die Übersicht will gleichzeitig mit dem etwas verwirrenden Eindruck die Komplexität und Relativität jedes Einteilungsversuches der Sprachwirklichkeit optisch andeuten.

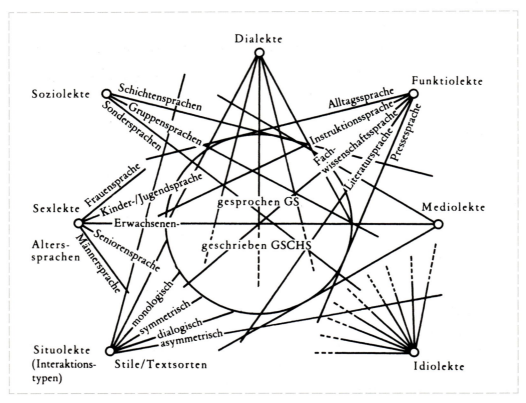

Kreis und Striche sollen zeigen, dass die Sprachwirklichkeit ein übergangsloses Kontinuum darstellt und dass alle
5 Klassifizierungsversuche eine Frage des Standpunktes sind und immer nur unzureichend sein können. Die Übergänge sind fließend, und die Unterscheidungskategorien überschneiden sich. Die Varietäten – in Anspielung an das Suffix -lekt bei „Dia-lekt" auch „Lekte" genannt, kann man (…) als gebündelte Textexemplare ansehen, deren sprachliche Merkmale in der Hauptsache von Redekonstellationstypen oder sozio-pragmatischen Bedingungen wie Individuum, Gruppe, Gesellschaft, Situation, Funktion geprägt sind.

10 Die äußeren sechs Ecken stellen sprachliche Großbereiche („Lekte") dar, die sich nach dem Medium (Mediolekte), der Funktion (Funktiolekte), der arealen Verteilung (Dialekte), der Sprechergruppen (Soziolekte), nach Alter und Geschlecht (Kinder-, Erwachsenen-, Alten-Sprachen; Sex(o)lekte, Genderlekte), nach individueller Sprache (Idiolekte) und nach Interaktionstypen bzw. Situationen (Situolekte) unterscheiden. Von jeder dieser Hauptecken gehen Strahlenbündel aus, die weitere Unterteilungen innerhalb eines „Lektes" darstellen und sich gegenseitig überlagern
15 und überschneiden.

Für alle Einteilungen gilt, dass es letztlich sprachliche Merkmale sein müssen, die einen „Lekt" von einem anderen unterscheiden. Varietäten sollen an ihrem sprachlichen Erscheinungsbild oder ihren sprachlichen Symptomen erkennbar sein. Die Kategorien der Klassifizierung hingegen sollen im weitesten Sinne extralinguistisch sein, das heißt, sie sollten aus dem Bereich der Interaktion und der sozialen Konstellation (Gruppierung) stammen. (…)

20 Dabei wurden die auffälligeren Situationen mehr beachtet als die Normalfälle. Alltagssprache ist denn auch eine der zuletzt entdeckten Varietäten, weil sie „alltäglich" ist. Untersucht wurden vorwiegend jene Fälle, bei denen eine Redekonstellation und ein von ihr gesteuerter Texttyp auch zu einem sprachlich beschreibbaren, auffälligen Merkmalinventar führten. (…)

5 Modelle zur Erfassung der Multidimensionalität des Varietätenraumes der deutschen Sprache

Die Soziolinguistik versucht nun, in der Varietätendifferenzierung systematische Zusammenhänge zu sehen. Haupt-
kriterium sind die Dimensionen der kommunikativen Interaktion und der daran beteiligten Sprecher, Gruppen und
personalen Konstellationen überhaupt. Durch die Schwerpunktverlagerung von der anfänglichen Schichtensprach-
Problematik hin zur gesellschaftlichen Sprachvielfalt überhaupt ist die Soziolinguistik fast deckungsgleich mit der
Varietätenlinguistik geworden. Man könnte beide Disziplinen auch als Sprachwirklichkeits-Forschung bezeichnen.

Aufgabe

1. Erläutern Sie das Modell von Heinrich Löffler mit Hilfe des Begleittextes.

2. Erörtern Sie, ob und inwiefern solche Modelle die sprachliche Wirklichkeit, die multidimensionale Sprachrealität erfassen können. Wo liegen die Grenzen dieses Modells?

Tipp zur Weiterarbeit

1. Ein weiteres Modell zur Erfassung des multidimensionalen Varietätenraumes der deutschen Sprache stellt Michael Hoffmann vor:
Michael Hoffmann: Funktionale Varietäten des Deutschen – kurz gefasst, Universitätsverlag Potsdam 2007, S. 5 ff.
(*http://opus.kobv.de/ubp/volltexte/2007/1345/pdf/Funktionale_Varietaeten_des_Deutschen.pdf*)

Kompetenzen

Was Sie wissen müssen:

- **Gesamtarchitektur der deutschen Sprache:** Die deutsche Sprache ist eine plurizentrische Sprache mit drei **nationalsprachlichen Varianten** (Deutschland, Österreich, Schweiz) und entsprechenden Subsystemen, **den Varietäten.**
  Grundvarietäten sind Standardsprache, regionale Umgangssprachen, Dialekte, Fachsprachen, Gruppen- und Sondersprachen, Übergangsvarietäten.
- **Ausgewählte Varietäten und Standardsprache:**
  - Regionale Dimension: Dialekte
  - Soziale Dimension: Gruppensprachen/Sondersprachen. Zu den Sondersprachen zählen die „Jugendsprache"
    bzw. die Sprachstile von Jugendlichen.
  - Situative Dimension: z. B. Werbesprache
  - Übergangsvarietäten: Gastarbeiterdeutsch und Lernervarietäten
- **Sprachvielfalt der deutschen Standardsprache:**
  - das traditionelle Stilschichtenmodell
  - Stilebenen
  - Funktionalstile (künstlerischer, fachsprachlicher, publizistischer und alltagssprachlicher Stil);
  - Sprachregister
- **Tendenzen der Gegenwartssprache** – Verschiebungen im Varietätensystem
- **Modelle** zur Erfassung der **Multidimensionalität** des **Varietätenraumes**

Was Sie können müssen:

- Sie können nationale Varianten der deutschen Sprache erkennen.
- Sie können Varietäten und Sprachstile erkennen, deren kommunikative Funktion und das Verhältnis zur Standardsprache bestimmen.
- Sie können Varietäten und Sprachstile analysieren (z. B. Sprachstile der Jugendkulturen) und produktiv gestalten (z. B. in Form von Parodien, um auf bestimmte Besonderheiten im Sprachgebrauch hinzuweisen).
- Sie können Stilebenen und Sprachregister in literarischen Texten erfassen und deren Funktion bestimmen.

35

Die deutsche Sprache im Kontext europäischer Mehrsprachigkeit am Beispiel von Politik, Kultur, Wirtschaft und Wissenschaft

Problemhorizont

Die deutsche Sprache im Kontext der Globalisierung und europäischer Mehrsprachigkeit

Im Prozess der Globalisierung – und in Europa verstärkt durch den Prozess der europäischen Integration – erhalten Sprachen, insbesondere die unterschiedlichen Aspekte der Mehrsprachigkeit, eine herausragende Bedeutung.

Das Fundament der Europäischen Union bildet die Idee der „Einheit in Vielfalt", das gleichberechtigte Miteinander der verschiedenen europäischen Sprachen und damit auch ihrer kulturellen Identitäten.

Die Achtung der Sprachenvielfalt ist ein Grundwert der Europäischen Union, genau wie Respekt der Person, Offenheit gegenüber anderen Kulturen, Toleranz und Akzeptanz anderer Menschen. In Artikel 22 der Charta der Grundrechte der Europäischen Union verpflichtet sich die Union, die Vielfalt der Kulturen, Religionen und Sprachen zu achten.

Im Spannungsfeld von national geprägter Identität, interkultureller Interaktion im Kontext der Globalisierung und dem Entstehen offener kultureller Identitäten spielt die Sprache als Medium und Vermittler kultureller Identitäten eine zentrale Rolle. Toleranz kann nur dort entstehen, wo die Bereitschaft zur Akzeptanz anderer kultureller und damit auch sprachlicher Identitäten besteht. Mehrsprachigkeit ist daher nicht nur eine kommunikative Kompetenz, sondern gleichzeitig auch eine interkulturelle. Sie ist Grundlage für Toleranz und Weltoffenheit.

Mehrsprachigkeit auf dem Hintergrund des europäischen Integrationsprozesses bedeutet auf der institutionellen Ebene, dass die Europäische Union im Augenblick sämtliche EU-Rechtsvorschriften in 23 Amtssprachen – im Sinne der Gleichbehandlung aller in den Mitgliedsländern gängigen Amtssprachen – formulieren lässt. Als Arbeitssprachen in den EU-Institutionen sind die englische, französische und die deutsche Sprache festgelegt.

Der Rolle der deutschen Sprache im Kontext der eben skizzierten europäischen Mehrsprachigkeit soll in diesem Kapitel am Beispiel von Politik, Kultur, Wirtschaft und Wissenschaft nachgegangen werden.

Aufgabe zur Selbsteinschätzung: Europäische Mehrsprachigkeit und die Stellung der deutschen Sprache

Kreuzen Sie an, welche Aussagen richtig bzw. falsch sind.

	richtig	falsch
Die deutsche Sprache ist die wichtigste Sprache der EU, weil die meisten EU-Bürger die deutsche Sprache sprechen.	☐	☐
Die deutsche Sprache ist nur eine von 23 gleichberechtigten Amtssprachen.	☐	☐
Die deutsche Sprache ist die wichtigste Wissenschaftssprache in der EU.	☐	☐
Deutsch ist zwar offiziell 3. Arbeitssprache in den Institutionen der EU, wird aber kaum verwendet.	☐	☐
Deutsch ist die im EU-Parlament vorherrschende Sprache, da die meisten Abgeordneten deutschsprachig sind.	☐	☐

1 Europäische Mehrsprachigkeit – Sprachenpolitik der EU

Text

Mehrsprachigkeit: Trumpfkarte Europas, aber auch gemeinsame Verpflichtung

Die heutigen europäischen Gesellschaften sehen sich mit raschen Veränderungen durch Globalisierung, technologischen Fortschritt und alternde Bevölkerungen konfrontiert. Die gestiegene Mobilität der Europäer – derzeit arbeiten 10 Millionen von ihnen in einem anderen Mitgliedstaat – ist ein wichtiges Zeichen dieses Wandels. Zunehmend interagieren
5 Menschen mit ihren Pendants aus anderen Ländern, und immer mehr leben und arbeiten außerhalb ihres Herkunftslandes. Dieser Prozess wird durch die EU-Erweiterungen der letzten Zeit noch verstärkt. Heute hat die EU 500 Mio. Einwohner, 27 Mitgliedstaaten, 3 Alphabete und 23 Amtssprachen, von denen einige weltweit verbreitet sind. Rund 60 weitere Sprachen sind ebenfalls Teil unseres Erbes und werden in bestimmten Regionen oder von bestimmten Gruppen gesprochen. Außerdem haben Zuwanderer ein breites Spektrum von Sprachen mitgebracht.

Text

Mehrsprachigkeit für interkulturellen Dialog und sozialen Zusammenhalt

Für die Mehrheit der Weltbevölkerung gehört es bereits heute zum Alltag, mehr als eine Sprache zu verstehen und in mehr als einer Sprache kommunizieren zu können – eine Fähigkeit, die auch für alle europäischen Bürger/innen als erstrebenswert gilt: Sie bewirkt, dass wir uns den Kulturen und Anschauungen anderer Menschen stärker öffnen, sie verbessert die kognitiven Fähigkeiten und die muttersprachliche Kompetenz der Lernenden. Sie gibt den
5 Menschen die Freiheit, in einem anderen Mitgliedstaat zu arbeiten oder zu studieren.

Im März 2002 haben die Staats- bzw. Regierungschefs der Europäischen Union bei ihrem Treffen in Barcelona den Unterricht von mindestens zwei Fremdsprachen ab der frühen Kindheit gefordert. Langfristig verfolgt die Kommission das Ziel, die individuelle Mehrsprachigkeit zu fördern, bis alle Bürger/innen zusätzlich zu ihrer Muttersprache über praktische Kenntnisse in mindestens zwei weiteren Sprachen verfügen.

10 Laut einer neueren Eurobarometer-Umfrage sagt die Hälfte der EU-Bürger/innen, dass sie ein Gespräch in mindestens einer Fremdsprache führen können. Der Prozentsatz schwankt je nach Land und sozialer Gruppe. (…)

Der Prozentsatz der Volks- und Grundschüler/innen, die eine Fremdsprache lernen, steigt. Trotzdem verfehlt die durchschnittliche Zahl der in Sekundarschulen unterrichteten Fremdsprachen noch immer deutlich das in Barcelona formulierte Ziel. Darüber hinaus gibt es eine steigende Tendenz, von „Fremdsprachenlernen" zu reden und
15 lediglich „Englisch lernen" zu meinen. Die Kommission hat bereits darauf hingewiesen, dass „Englisch allein nicht genügt".

Aufgabe

1. Informieren Sie sich über die Sprachenpolitik der Europäischen Union, und erläutern Sie das „Barcelona-Ziel": Kommunikation in der Muttersprache plus zwei weiteren Sprachen. (*http://ec.europa.eu/education/languages/eu-language-policy/index_de.htm*)

2. Informieren Sie sich über die Ergebnisse der Eurobarometer-Umfrage „Europäer und ihre Sprachen" der Europäischen Kommission über die Fremdsprachenkenntnisse in Europa. (*http://ec.europa.eu/education/languages/languages-of-europe/doc137_de.htm*) Welche Ergebnisse liegen in der Studie über die Fremdsprachenkenntnisse in der Bundesrepublik Deutschland vor?

3. Erläutern Sie den Schlusssatz, dass „Englisch allein nicht genügt".

4. Erstellen Sie Ihr persönliches Sprachenprofil. Verwenden Sie dazu die Formulare des Europass-Sprachenpasses, der im Rahmen des Europäischen Sprachenportfolios entwickelt wurde. (*http://www.dglive.be/agentur/Portal Data/16/Resources/downloads/Leitfaden_-_cv465_en_US_Europass_ELP_Instructions_DE.pdf*)

5. Erstellen Sie ein Sprachenprofil Ihres Kurses, Ihrer Familie oder Ihres sozialen Umfeldes. Gehen Sie in diesem Zusammenhang auch darauf ein, wie die einzelnen Sprachkenntnisse Verwendung finden.

6. Stellen Sie die Chancen und Risiken der europäischen Sprachenvielfalt gegenüber.

Die deutsche Sprache im Kontext europäischer Mehrsprachigkeit am Beispiel von Politik, Kultur, Wirtschaft und Wissenschaft

Text

Gerhard Stickel: Europas Reichtum beruht ganz wesentlich auf seiner sprachlichen Vielfalt

Herr Professor Stickel, als Präsident der Europäischen Föderation nationaler Sprachinstitutionen treten Sie für die Förderung der Sprachenvielfalt in Europa ein.
Der kulturelle Wert, den die europäische Sprachenvielfalt darstellt, ist überhaupt nicht bezifferbar. Dazu kommt mittelbar auch der Bildungswert des Fremdsprachenlernens. Europa ist nicht besonders reich an Bodenschätzen.
5 Sein eigentlicher Reichtum besteht in seiner kulturellen Vielfalt. Und die beruht ganz wesentlich auf seiner sprach-lichen Vielfalt. Die wissenschaftlichen und kulturellen Leistungen und Traditionen der Europäer sind in ihren verschiedenen Sprachen bewahrt. In einer Einheitssprache würden sie nach und nach verloren gehen. Dass sprach-liche Vielfalt den wirtschaftlichen, wissenschaftlichen und kulturellen Fortschritt eher fördert als behindert, zeigt die europäische Geistesgeschichte. Der Beginn der europäischen Moderne in Wissenschaft, Wirtschaft und Kultur
10 ging einher mit der Emanzipation der „Volkssprachen" Italienisch, Französisch, Englisch, Deutsch usw. von der Einheitssprache der mittelalterlichen Eliten Europas, dem Latein. Wie wir wissen, hat die sich damals entwickelnde Vielfalt der europäischen Kultursprachen die Kreativität der Europäer nicht beeinträchtigt, sondern stimuliert.

Die Sprachenvielfalt gilt als ein zentrales Element der europäischen Identität. Aber wäre nicht gerade eine gemein-same Verkehrssprache für die Bildung einer gemeinsamen Identität förderlich?
15 Gegen eine Hilfssprache (besser noch zwei oder drei) für kommunikative Notfälle, in denen es keine andere Verständigungsmöglichkeit gibt, ist nichts einzuwenden. Identität hat jedoch stets mit der Unterscheidung des Eigenen vom Anderen zu tun und ist nicht über eine Allerweltssprache zu gewinnen. Ein globalisiertes Englisch (Internationalish, Globish oder McLanguage) wird auch außerhalb Europas als Hilfssprache gebraucht. Es kann deshalb zwar für die erwähnten Notfälle auch in Europa ganz nützlich sein, ist aber zur sprachlichen Förderung
20 einer europäischen Identität wenig geeignet.

Wie schätzen Sie die Rolle von Englisch für die Kommunikation in der Europäischen Union ein?
Als alleinige Verkehrssprache in der EU wäre Englisch mit der Gefahr einer Diglossie verbunden, das heißt, einer funktionalen Zweisprachigkeit. Dabei würden irgendwann alle wichtigen Dinge in Wirtschaft, Wissenschaft und Politik nur noch auf Englisch verhandelt. Für die übrigen Sprachen blieben eines schlechten Tages bloß noch die
25 Domänen Familie, Freunde und Folklore übrig. (…)

Bitte wagen Sie für uns eine Prognose: Wie wird sich die Sprachenvielfalt in Europa langfristig – also etwa in den nächsten 50 bis 100 Jahren – entwickeln?
Linguistische Prognosen sind so unsicher wie längerfristige Wettervorhersagen, zumal die Sprachentwicklung weniger von sprachlichen als von gesellschaftlichen Faktoren abhängt. Ich kann mir aber für das Europa der Spra-
30 chen in 50 bis 100 Jahren zwei Szenarien vorstellen, ein pessimistisches und ein optimistisches. Das pessimistische Szenario: Das Sprachenlernen wird in den kommenden Jahrzehnten immer mehr auf Englisch reduziert. Das Inte-resse an anderen Sprachen schwindet selbst bei den Menschen, die diese Sprachen als Erstsprachen gelernt haben. Italienisch, Deutsch, Niederländisch und andere europäische Sprachen werden zwar immer noch gesprochen, aber nur noch in der Familie, beim Kartenspielen und auf Volksfesten. Alle wichtigen Angelegenheiten der Arbeitswelt,
35 in Wissenschaft und Politik werden dagegen in einem zunehmend kreolisierten Englisch (einem amerikanischen Englisch mit französischen, deutschen, italienischen usw. Einsprengseln) verhandelt. Auf den britischen Inseln ist die britische Varietät des Englischen zu einem immer seltener gebrauchten Dialekt geworden.

Das optimistische Szenario: Fast alle Europäer, das heißt wir Deutschen, Italiener, Niederländer, Polen usw. haben uns angestrengt und unsere Kinder dazu gebracht, außer unserer Muttersprache zwei weitere Sprachen gut zu
40 lernen und vielleicht noch weitere wenigstens ein bisschen zu verstehen. Nur die Engländer sind eine Ausnahme. Sie haben sich daran gewöhnt, dass fast alle anderen Menschen mehr oder weniger gut Englisch können. Deshalb haben sie längst aufgehört, andere Sprachen zu lernen. Da sie aber besonnene Leute sind, bemerken sie schließlich, dass ihr Denken und ihre Wahrnehmung auf diese Weise beschränkt geworden sind. In ihrer beharrlichen Einspra-chigkeit haben sie nur eine sehr eingeschränkte Sicht auf die immer komplexer gewordene Welt. Und da sie nicht
45 beschränkt bleiben wollen, lernen sie rasch und intensiv noch wenigstens zwei andere Sprachen und halten auch ihre Kinder dazu an. Und so wird es dann in 50 und 100 Jahren in ganz Europa sprachlich und kulturell wieder (oder immer noch) bunt, reich und kreativ zugehen.

Aufgabe

1. Erklären Sie, worin der „nicht bezifferbare kulturellen Wert" (Z. 3) der europäischen Sprachenvielfalt besteht.

2. Welche Gefahr sieht Stickel, wenn Englisch die alleinige Verkehrssprache in der EU wäre?

3. Stellen Sie begründete Vermutungen darüber an, welche der beiden Prognosen eintreffen könnten.

2 Stellung der deutschen Sprache im Kontext europäischer Mehrsprachigkeit am Beispiel von Politik

Teilthema 1: 23 Amtssprachen in der EU und die Stellung der deutschen Sprache

Text

Mehrsprachigkeit beim Europäischen Parlament

Beim Europäischen Parlament sind alle 23 Amtssprachen der Gemeinschaft gleich wichtig. Alle parlamentarischen Unterlagen werden in allen Amtssprachen der Europäischen Union (EU) veröffentlicht und jeder Abgeordnete hat das Recht, sich in der Amtssprache seiner Wahl zu äußern. Damit gewährleistet das Parlament auf einzigartige Weise, dass seine Tätigkeiten für alle Bürger transparent und zugänglich sind.

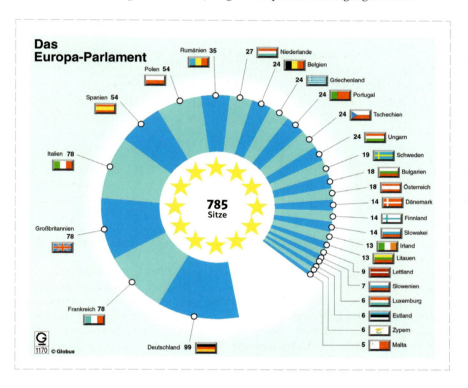

Aufgabe

1. Erörtern Sie, ob eine einheitliche Amtssprache für die EU sinnvoll wäre.

Text

Katrin Teschner: Die Staaten bauen am Turm zu Babel

Selbst Gälisch ist als EU-Amtssprache anerkannt, obwohl es nur drei Prozent der Iren sprechen

Als Malta 2004 der Europäischen Union beitrat, gab es ein Problem: Auf Wunsch des Insel-Staates sollte Malti offizielle EU-Sprache werden. Malti? Die Sprache mit den arabischen Wurzeln wird nur von 400 000 Menschen verstanden, ist aber für die Insulaner unverzichtbarer Bestandteil ihrer Identität.

Mehr als 80 000 Gesetzestexte der EU mussten übersetzt werden. 40 Dolmetscher brauchte die EU auf einen Schlag in Brüssel, Straßburg und Luxemburg. Doch wer sollte das machen?

Die deutsche Sprache im Kontext europäischer Mehrsprachigkeit am Beispiel von Politik, Kultur, Wirtschaft und Wissenschaft

15 Malti-Dolmetscher gab es in der zweisprachigen Republik gar nicht – alles Geschäftliche wurde ohnehin auf Englisch abgewickelt. Der Beruf musste auf Malta erst erfunden werden.

20 Tatsächlich stellt die Sprachenvielfalt die EU vor immer größere Herausforderungen. Bis zur ersten großen Erweiterungsrunde zählte die EU elf Amtssprachen, seit 2007 sind es 23 in drei verschiedenen Schriften: Lateinisch, Griechisch 25 und Kyrillisch.

Neben Bulgarisch und Rumänisch ist auch Irlands erste offizielle Sprache Gälisch EU-Amtssprache geworden – obwohl sie nur drei Prozent der Iren sprechen. Dennoch wollte das 30 Inselvolk mit den Maltesen gleichziehen.

Bei Regional- und Minderheitensprachen ist das Ganze noch verworrener. 60 verschiedene gibt es in der EU. Schätzungen zufolge gebrauchen 40 Millionen Unionsbürger regelmäßig 35 zumindest eine dieser Sprachen, darunter Sorbisch, Korsisch oder Walisisch. Entsprechend groß ist der Druck, besonders verbreitete auch auf EU-Ebene zuzulassen. So sind Katalanisch, Baskisch und Galizisch bereits auf Antrag als Vertragssprache aufgewertet worden, Spanier 40 können sich nun in diesen Sprachen an acht EU-Institutionen wenden. (…)

Was ist aber, wenn immer mehr Mitgliedsstaaten diesem Beispiel folgen wollen? Schon jetzt ächzen die 2500 Übersetzer in Brüssel 45 unter der Last. Allein für die EU-Kommission müssen sie jährlich fast 1,5 Millionen Seiten bearbeiten.

EU-Beamte schätzen, dass die Zahl künftig pro Jahr um 5 % anwachsen wird. Die Texte sind 50 oft kompliziert, die Folgen für die Gesetzgebung groß. Da muss jedes Wort stimmen.

„Ein offizielles Dokument kann nicht angenommen werden, bevor es nicht in alle 23 Amtssprachen übersetzt wurde", erklärt 55 Petrucci. Entsprechend lange dauert zuweilen der ganze Prozess. Oft mussten wichtige Entscheidungen im Europäischen Parlament schon verschoben werden – Änderungsanträge lagen nicht rechtzeitig in allen Sprachen vor. 60

Pieter Bruegel, der Ältere (1525/30–1569: Der Turmbau zu Babel, 1563, Öl auf Leinwand

Aufgabe

1. Klären Sie zunächst, was man unter dem Mythos des Turmbaus zu Babel und unter der babylonischen Sprachverwirrung versteht.

2. Halten Sie einen Vergleich zwischen der babylonischen Sprachverwirrung und der Sprachenvielfalt der Europäischen Union für gerechtfertigt? Nehmen Sie Stellung.

3. Mehrsprachigkeit in Europa – Trumpfkarte oder Turmbau zu Babel? Erörtern/Diskutieren Sie.

2 Stellung der deutschen Sprache im Kontext europäischer Mehrsprachigkeit am Beispiel von Politik
Teilthema 1: 23 Amtssprachen in der EU und die Stellung der deutschen Sprache

> **Text**

Ulrich Ammon: Deutsch – eine weltweit gelernte, aber in Europa beheimatete Sprache

Deutsch ist in der Europäischen Union Fremdsprache Nummer Zwei und liegt nach der Zahl der Muttersprachler mit 90 Millionen auf dem ersten Platz. In acht Ländern ist es als Minderheitssprache anerkannt. Kein Grund also, sich um die Verbreitung der deutschen Sprache in Europa Sorgen zu machen? Leider doch, denn in den europäischen Institutionen spielt die deutsche Sprache nur eine Nebenrolle. Ein entschiedenes Eintreten für das Deutsche
5 als (tatsächlich genutzte) Arbeitssprache ist notwendig, wenn Deutsch eines Tages zu den Regierungssprachen der zusammenwachsenden Gemeinschaft gehören soll. Das ist wichtig, damit es seine Attraktivität als Fremdsprache behält.

Deutsch wird rund um die Welt in mehr als 100 Ländern an Schulen und Hochschulen gelehrt und gelernt – eine für die internationalen Kontakte der deutschsprachigen Länder unschätzbare Ressource. Ob dies so bleibt,
10 entscheidet sich vor allem in Europa, wo Deutsch seinen Schwerpunkt hat. In der Europäischen Union (EU), mit 27 Mitgliedsstaaten (seit 1. Januar 2007), übertrifft Deutsch alle anderen Sprachen nach Zahl der Muttersprachler (rund 90 Millionen, weltweit 120 Millionen) und Zahl der Staaten, in denen es Amtssprache ist (sieben Staaten), und rangiert als Fremdsprache an zweiter Stelle, nach Englisch und vor Französisch.

Allerdings richtet sich die Sprachenpolitik der EU vor allem auf die kleinen Sprachen, die sogar als Fremdsprachen
15 gefördert werden, zum Beispiel durch den Vorschlag an die EU-Bürger, eine „persönliche Adoptivsprache", möglichst eine der kleinen Sprache, zu erlernen. Diese Stoßrichtung geht zu Lasten der größeren Sprachen, die traditionell als Fremdsprachen gelernt werden, auch und gerade zu Lasten von Deutsch. Nur Englisch ist davon nicht betroffen. Im Gegenteil: Es gilt als unverzichtbar und wird – bei der durch die EU-Politik geförderten sprachlichen Zersplitterung – immer dringender als Verkehrssprache benötigt.

20 Besonders wichtig für die Zukunft der deutschen Sprache ist ihre Stellung in den Institutionen der EU. Deutsch ist selbstverständlich eine der 23 EU-Amtssprachen, die vor allem der Kommunikation zwischen den EU-Organen und den Mitgliedsstaaten dienen. Weniger gesichert ist dagegen die Stellung von Deutsch als eine der internen Arbeitssprachen der Organe, die diese sich laut Artikel 6 der „Verordnung Nr. 1 des Rates zur Regelung der Sprachenfrage" aus den Amtssprachen auswählen dürfen. Aller Voraussicht nach verfestigen diese Arbeitssprachen sich mit
25 der Zeit zu den Regierungssprachen der zusammenwachsenden Gemeinschaft und durchdringen am Ende auch die Mitgliedsstaaten. Wenn Deutsch von dieser Entwicklung ausgeschlossen wird, verliert es auch einen Großteil seiner Attraktivität als Fremdsprache.

Die deutsche Regierung protestiert seit Ende der 1980er-Jahre regelmäßig gegen die Zurücksetzung von Deutsch. Die Wirkung ist allerdings bislang gering, weil wesentliche Ursachen unangetastet bleiben. Deutsch kann als
30 Arbeitssprache kaum angewandt werden, solange viele EU-Beamte keine Deutschkenntnisse haben und sie bei der Anstellung von Personal auch nicht gefordert werden (nur Englisch- und Französischkenntnisse). Ob das in den EU-Institutionen verbreitete Bild von den deutschen EU-Beamten, die lieber Englisch oder Französisch sprechen (sogar wenn Deutsch anerkannte Arbeitssprache ist), zutrifft, ist ungeklärt. In den sprachenpolitischen Vorstößen aus Deutschland sind diese Probleme zwar zum Teil thematisiert, aber bislang nicht nachhaltig verfolgt worden.
35 (…)

Im politisch weniger gewichtigen Europarat (47 Mitgliedsstaaten 2008) rangiert Deutsch ebenfalls hinter Englisch und Französisch, den alleinigen „Amtssprachen". Deutsch ist nur „Arbeitssprache" (neben Italienisch und Russisch), was hier den geringeren Status bezeichnet. Als Folge ist Deutsch unter anderem keine Unterrichtssprache am Europakolleg in Brügge (Belgien) und Natolin (Polen), wo jährlich rund 400 Europaexperten ausgebildet werden. Ein
40 Antrag auf Hochstufung von Deutsch zur Amtssprache ist 1994 gescheitert.

> **Aufgabe**

1. Welche Gefahr sieht der Sprachwissenschaftler Ulrich Ammon für die deutsche Sprache im Kontext der Politik europäischer Mehrsprachigkeit? Erläutern Sie die Konsequenzen, die sich für die deutsche Sprache aus ihrem Status bei der EU als Arbeitssprache ergeben könnten.

3 Stellung der deutschen Sprache im Kontext europäischer Mehrsprachigkeit am Beispiel von Kultur

Teilthema 2: Europäische Sprachen – europäische Kulturen und Identitäten

Text

Mehrsprachigkeit und europäische Werte

Die EU gründet sich auf das Prinzip der Vielfalt in Kultur, Bräuchen und Glauben. Dies schließt auch die **Sprachen** mit ein.

Auf einem Kontinent, auf dem so viele Sprachen gesprochen werden, ist das nur selbstverständlich. Allein die Amtssprachen der EU-Länder gehören drei unterschiedlichen Sprachfamilien an: der **indoeuropäischen**, der
5 **finnougrischen** und der **semitischen**. Im Vergleich zu anderen Kontinenten sind das allerdings relativ wenige. Die sprachliche Vielfalt ist mittlerweile greifbarer als je zuvor, denn die Menschen haben heute viel mehr Kontakt mit Ausländern als früher. Immer öfter gibt es Situationen, in denen wir eine andere als unsere Muttersprache sprechen müssen – durch Studentenaustausch, Migration, Geschäfte in Europas mehr und mehr zusammenwachsendem Binnenmarkt, Tourismus oder ganz allgemein durch die Globalisierung.

10 Aufgrund von Artikel 22 der im Jahr 2000 verabschiedeten Charta der Grundrechte der EU muss die Union die sprachliche Vielfalt respektieren, während laut Artikel 21 jegliche Diskriminierung aus sprachlichen Gründen verboten ist. Genauso wie die Achtung des Einzelnen, die Offenheit für andere Kulturen und die Toleranz gegenüber anderen gehört die Achtung der Sprachenvielfalt zu den Grundwerten der Europäischen Union. Dieses Prinzip gilt nicht nur für die 23 Amtssprachen der EU, sondern auch für die zahlreichen Regional- und Minderheitensprachen,
15 die von Bevölkerungsteilen gesprochen werden. Genau das macht das Wesen der EU aus, die eben kein „Schmelztiegel" ist, in dem Unterschiede verwischen: Sie ist vielmehr eine Gemeinschaft, in der Vielfalt ein Trumpf ist.

Nach dem von den Staats- und Regierungschefs aller EU-Mitgliedstaaten im Dezember 2007 unterzeichneten Vertrag von Lissabon wahrt die EU den Reichtum ihrer kulturellen und sprachlichen Vielfalt und sorgt für den Schutz und die Entwicklung des kulturellen Erbes Europas.

Aufgabe

1. Die meisten europäischen Sprachen werden nach ihrer Herkunft den indoeuropäischen Sprachenfamilien zugerechnet. Informieren Sie sich auf der Homepage der Europäischen Kommission für Mehrsprachigkeit *(http://ec.europa.eu/education/languages/languages-of-europe/doc94_de.htm)* über die Geschichte und die Sprachfamilien der europäischen Sprachen. Welcher Sprachenfamilie wird die deutsche Sprache zugerechnet?

2. Informieren Sie sich über die Regional- und Minderheitensprachen in Europa (Euromosaik-Studie: *http://ec.europa.eu/education/languages/archive/languages/langmin/euromosaic/index_de.html)* und über die europäische Charta zum Schutz der Regional- und Minderheitensprachen *(http://conventions.coe.int/Treaty/ger/Summaries/Html/148.htm)*. Welche Regional- und Minderheitensprachen werden in Deutschland gesprochen?

3. Vergleichen Sie die Sprachpolitik der USA mit der der EU. Gehen Sie in diesem Zusammenhang auch auf die „melting-pot theory" ein, die die amerikanische Einwanderungspolitik bestimmt.

4. Erläutern Sie die Aussage von Umberto Eco, dass „die Übersetzung die Sprache Europas" sei. Gehen Sie in diesem Zusammenhang auch auf die Rolle der Sprachen im Hinblick auf europäische Identitäten und Kulturen ein. Beziehen Sie das folgende Zitat mit ein.

„Ich sehe in der Übersetzung eine Ausdrucksform der Mehrsprachigkeit", sagte EU-Kommissar Orban. „Eine Gesellschaft ist nicht nur dann mehrsprachig, wenn ihre Bürger verschiedene Sprachen beherrschen, sondern auch dann, wenn ihre Sprachen dank der Übersetzung ständig miteinander kommunizieren. Eine Übersetzung ist ein andauerndes Verhandeln zwischen Autor, Übersetzer und Leser. Davon können gerade wir in Europa ein Lied singen, denn es ist ja das Miteinander-in-Verhandlungen-Bleiben, was uns zusammenhält."

Online Link
·Zusatztext
Sprachpolitik
347493-0003

Tipp zur Weiterarbeit

1. Im Online-Bereich von Klett finden Sie einen weiteren Text zur Vertiefung des Themas.

4 Stellung der deutschen Sprache im Kontext europäischer Mehrsprachigkeit am Beispiel von Wirtschaft

Teilthema 3: Wettbewerbsfähigkeit und Wohlstand durch Sprachkenntnisse

Text

Die wirtschaftliche Globalisierung und die fortschreitende europäische Integration erfordern in besonderem Maße die Befähigung junger Menschen, auf hohem Niveau kompetent mit den Anforderungen sprachlicher und kultureller Vielfalt umzugehen und sich auf Mobilität im Zusammenhang mit persönlicher Lebensgestaltung, Weiterbildung und Beruf einzustellen.

CertiLingua eröffnet neue Wege

Mit dem Exzellenzlabel werden Schülerinnen und Schüler ausgezeichnet, die mit dem Abitur besondere Qualifikationen in europäischer/internationaler Dimension nachgewiesen haben. Dazu gehören neben hoher Kompetenz in zwei Fremdsprachen (Niveau B2 des Gemeinsamen Europäischen Referenzrahmens) auch bilinguale Sachfachkompetenz sowie der Nachweis europäischer und internationaler Handlungsfähigkeit. Das CertiLingua Exzellenzlabel soll den Absolventinnen und Absolventen den Zugang zu international orientierten Studiengängen erleichtern oder berufliche Perspektiven im europäischen/internationalen Kontext ermöglichen.

CertiLingua: Ein europäisches Projekt
- Förderung der Mehrsprachigkeit, des interkulturellen Lernens und der internationalen Zusammenarbeit
- Erleichterung des Zugangs zu internationalen Studiengängen und zur internationalen Arbeitswelt
- Befreiung von Sprachprüfungen für den internationalen Hochschulzugang

Aufgabe

1. Zeigen Sie, welche Bedeutung dem (schulischen) Sprachenlernen im Kontext der Globalisierung und der europäischen Integration hier zugewiesen wird.

Text

Peter von Polenz: Die deutsche Sprache im Bereich auswärtiger Geschäftsbeziehungen

Dass die deutsche Sprache im Bereich auswärtiger Wirtschaftsbeziehungen starke Konkurrenz hat und teilweise von einer anderen Sprache dominiert wird, ist nichts grundsätzlich Neues: Italienisch und Niederländisch im 16./17. Jh., Französisch in der Zeit des Absolutismus spielten auch in Deutschland und für deutsche Kaufleute eine bedeutende Rolle. Seit Beginn der Frühindustrialisierung um 1800 musste man für technische Neuerungen Englisch lernen, und auf wirtschaftlich-technischem Gebiet war im 19. Jh. der englische Spracheinfluss stark.

So waren Englischunterricht und englische Sprachpraxis schon generationenlang für Deutsche in Außenhandelsberufen unerlässlich. Dieses Erfordernis hat sich seit dem Eintritt der Vereinigten Staaten von Amerika in die Weltpolitik seit dem Ersten Weltkrieg noch verstärkt. Erst recht seit dem Ende des Zweiten Weltkrieges wurde Englisch zur führenden Welthandelssprache. So ist es nicht verwunderlich, dass in der internationalen wirtschaftlichen Kommunikation die Stellung der deutschen Sprache bei weitem nicht der zweitrangigen Position der deutschsprachigen Länder entspricht: Die Sprachenwahl ist in der Weltwirtschaft in erster Linie adressaten- und erfolgsorientiert: Im Verkauf hat stets die Sprache des (potentiellen) Kunden Vorrang, bei „kleineren" Sprachen eine ihm zumutbare Lingua Franca.

Aufgabe

1. „Die Sprachenwahl ist in der Weltwirtschaft in erster Linie adressaten- und erfolgsorientiert." (Z. 11) Erläutern Sie diese Erkenntnis des Sprachwissenschaftlers Peter von Polenz im Kontext der wirtschaftlichen Globalisierung und der europäischen Integration. Welche Rolle wird damit auch der deutschen Sprache zugeschrieben?

5 Stellung der deutschen Sprache im Kontext europäischer Mehrsprachigkeit am Beispiel von Wissenschaft

Teilthema 4: Ist Deutsch noch internationale Wissenschaftssprache?

Text

Konrad Ehlich: Deutsch als Wissenschaftssprache für das 21. Jahrhundert

1. Ein verschwindendes Objekt?

(…) Ulrich Ammon hat in mehreren faktenreichen Untersuchungen das Verschwinden des Deutschen als Wissenschaftssprache behauptet und hat in zwei seiner jüngeren Publikationen bildungspolitische und wissenschaftspolitische Konsequenzen gezogen. Seine mit einem übergroßen Fragezeichen versehene Arbeit „Ist Deutsch noch
5 internationale Wissenschaftssprache?" (Ammon 1999) endet mit einem großangelegten Plädoyer für die Ersetzung des Deutschen durch das Englische in der deutschen Universität. (…)

Besonders die Naturwissenschaftler und die Mediziner propagieren den Übergang zum Englischen, und dies seit längerem – mit immer weiter reichenden Konsequenzen. Die Verdrängung des Deutschen aus der universitären Diskurs- und Textwirklichkeit scheint hier fast nicht einmal mehr eine Frage der Zeit zu sein. Nur durch die Ver-
10 wendung des Englischen sei der internationale Standard zu erreichen, und dieser internationale Standard hat seinen zentralen Ort anderswo, nämlich in den USA. Die „Spitzenforschung" schreibt Englisch – so wurde es schon seit längerem von den Sachwaltern eben dieser Spitzenforschung pointiert formuliert. Der Umkehrschluss wird nicht explizit gezogen – er ist dennoch unüberhörbar: Wer Deutsch schreibt, ist provinziell, unerheblich, Mittelmaß oder schlechter, von den „Spitzen" jedenfalls weit entfernt. (…)

gnoseologisch = die Erkenntnislehre betreffend

15 **4. Die gnoseologische Funktion von Wissenschaftssprache**

Sprache ist nicht einfach eine Ansammlung von Wortmarken, die den sprachunabhängigen Wissenselementen angehängt würden. Vielmehr erfolgt die Organisation, Speicherung und Weitergabe des Wissens selbst in sprachlicher Form. Der Sprache kommt aufgrund dieses Umstandes eine eigene erkenntnisbezogene, ja erkenntnisstiftende Funktion zu. Zusammenfassend kann sie als gnoseologische Funktion von Sprache bezeichnet werden. Sie steht
20 neben der praxisstiftenden und der gemeinschaftsstiftenden Funktion (…)

9. Wissenschafts- und allgemeine Sprachentwicklung

Die Herausbildung des Deutschen zur Wissenschaftssprache ist das Ergebnis eines mehrhundertjährigen Prozesses kommunikativer Arbeit. Sie wurde sowohl im wissenschaftlichen wie im allgemeinsprachlichen Bereich erbracht. Das Resultat ist eine allseits nutzbare, mit der Alltagssprache eng verbundene Wissenschaftssprache. Sie ist ein opti-
25 males und flexibles Kommunikationsmittel für alle Zwecke der Wissensvermittlung und Wissensgewinnung. Diese sind Ausdruck einer demokratischen Kultur.

Anders als es oft (etwa mit der Negativmetapher „Elfenbeinturm") behauptet wird, hat die Wissenschaftskommunikation und ihre Entfaltung für die Gemeinsprache eine zentrale Bedeutung. Das Aufgeben einer entwickelten
30 Wissenschaftssprache führt zu einer drastischen Verarmung der Sprache insgesamt. Diese fällt mittelfristig auf den Status einer soziologisch kleinräumigen Sprache mit engem Kommunikationsradius zurück.

Es wäre eine Illusion zu glauben, dass nach einer Herauslösung der Wissenschaftssprache aus dem Varietätenverband der Hochsprache diese ansonsten unberührt fortbestehen könnte. Gerade die modernen Gesellschaften sind durch ihre verstärkte Abhängigkeit von äußerst komplexen Wissensstrukturen sowie von deren schneller
35 Veränderung substantiell bestimmt. Die Loskoppelung der eigenen Sprache von diesen hochsensitiven zentralen Sektoren bedeutet einen selbstverschuldeten Übergang in die Unmündigkeit (…)

Aufgabe

1. Vergleichen Sie die Position von Konrad Ehlich mit der von Ulrich Ammon. Welche Konsequenzen befürchtet Konrad Ehlich für die Wissenschaft und für die allgemeine Sprachentwicklung?

5 Stellung der deutschen Sprache im Kontext europäischer Mehrsprachigkeit am Beispiel von Wissenschaft

Teilthema 4: Ist Deutsch noch internationale Wissenschaftssprache?

Text

Helmut Glück: Deutsch als Wissenschaftssprache

Die Wissenschaftssprache Deutsch kann nur dann erhalten werden, wenn in Deutschland maßgebliche Forschungs-
ergebnisse erarbeitet werden. Nur dann werden Forscher in anderen Ländern Anlass haben, deutsche Publikationen
zur Kenntnis zu nehmen – auch in deutscher Sprache. Wenig sinnvoll wäre es, die Wissenschaften durch staatliche
Maßnahmen zur Verwendung einer bestimmten Sprache zu zwingen: weder dazu, auf Deutsch zu forschen, zu
5 publizieren und zu lehren, ebensowenig dazu, dies auf Englisch zu tun. Ein Sprachenzwang ist abzulehnen – in der
einen wie in der anderen Richtung. Ein europäischer Zitierindex muss eingerichtet werden, der die Wissenschafts-
sprachen dieses Kontinents berücksichtigt. Dass das nicht schon vor 30 Jahren geschah, ist ein sprachpolitisches
Versäumnis mit gravierenden Folgen, die man besichtigen kann. Bei Tagungen in Deutschland sollte man das Deutsche als Kongresssprache nicht nur zulassen, sondern aktiv fördern. Die akademische Lehre sollte grundsätzlich auf
10 Deutsch erfolgen, schon deshalb, weil muttersprachliche Lehre bessere Lernerfolge ermöglicht. Lehrbücher sowie
Gesamt- und Überblicksdarstellungen und Lexika sollten in jedem Fach auf Deutsch greifbar sein. (…)

Die Europäer hegen keine nationalistischen Absichten, wenn sie in ihren eigenen Sprachen forschen und lehren
wollen, wo das noch möglich ist. Sie alle können Englisch, sodass sie auf Englisch publizierte Forschungsresultate
rezipieren können. Viele von ihnen lesen auch französische, italienische oder spanische Texte, manche von ihnen
15 können sogar Lateinisch. Viele britische und amerikanische Forscher hingegen rezipieren keine anderssprachigen
Forschungsresultate, weil sie keine Fremdsprachen beherrschen. Darin drückt sich intellektueller Provinzialismus
aus. Er ist die Kehrseite der „Internationalisierung der Wissenschaften". Die Wissenschaftssprache Deutsch ist eine
Errungenschaft, an der Generationen von Gelehrten 500 Jahre lang hart gearbeitet haben. Ihr Niedergang bedeutet
die Verschleuderung eines immensen geistigen und materiellen Kapitals, das über Jahrhunderte angesammelt wor-
20 den ist. Es darf nicht von einer einzigen Generation verjuxt werden.

Aufgabe

1. Erläutern Sie die Kritik von Helmut Glück an der „Kehrseite der Internationalisierung der Wissenschaften".

2. „Die Wissenschaftssprache Deutsch ist eine Errungenschaft, an der Generationen von Gelehrten 500 Jahre lang
hart gearbeitet haben. Ihr Niedergang bedeutet die Verschleuderung eines immensen geistigen und materiellen
Kapitals, das über Jahrhunderte angesammelt worden ist." (Z. 17–20) Nehmen Sie Stellung.

Kompetenzen

Was Sie wissen müssen:

- Mehrsprachigkeit, bilinguale und multilinguale Kompetenz, Sprachpolitik der EU
- Amtsprache/Arbeitssprache in der EU
- Verkehrssprache (Lingua Franca), Globalsprache, (internationale) Wissenschaftssprache

Was Sie können müssen:

- Sie kennen zentrale Problembereiche im Hinblick auf die Stellung der deutschen Sprache im Kontext europäischer
  Mehrsprachigkeit am Beispiel von Politik (insbesondere den Stellenwert als Amtsprache/Arbeitssprache), Kultur,
  Wirtschaft und Wissenschaft (insbesondere den Stellenwert als Wissenschaftssprache).
- Sie können damit argumentativ angemessen umgehen und eine eigene, begründete Stellung dazu einnehmen.

Sprach- und Stilkritik an Tendenzen der deutschen Gegenwartssprache

Problemhorizont

Sprachwandel und Sprachkritik

Wie andere Sprachen auch ist die deutsche Sprache dem Prozess des **Sprachwandels** unterworfen. Wenn Sprecher unterschiedlicher Sprachen in Kontakt miteinander treten, führt das zwangsläufig zu Einflüssen auf die jeweils verwendete Sprache. Die deutsche Sprache etwa ist selbst das Produkt unterschiedlichster sprachlicher Einflüsse und wurde seit dem 8. Jahrhundert immer wieder durch andere Sprachen massiv beeinflusst.

Religiöse, politische, wirtschaftliche oder soziale Entwicklungen sind gleichfalls Ursachen sprachlichen Wandels. So hatte die Erfindung des Buchdrucks im 15. Jahrhundert aufgrund der Möglichkeit, Schriftgut massenhaft verbreiten zu können, einen enormen Einfluss auf die Etablierung der deutschen Schriftsprache. Sowohl der Wortschatz, die Lexik, als auch die Redewendungen, die Idiomatik, und die Grammatik einer Sprache sind dem Sprachwandel unterworfen.

Sprachwandel wurde und wird stets begleitet von Kritik an eben diesem Wandel. Im 17. und 18. Jahrhundert wendete sich die **Sprachkritik** gegen den starken Einfluss des Französischen. Heute wendet sich die Kritik vor allen Dingen gegen das Vordringen der **Anglizismen**. Aber auch Veränderungen in der Grammatik und der Idiomatik des Deutschen werden hinterfragt und einer Wertung unterzogen.

Der Förderung des korrekten Sprachgebrauchs hat sich die **Sprachpflege** verschrieben. So gab es in der Vergangenheit immer wieder meist selbst ernannte Sprachpfleger, die sich mit „richtigem" oder „falschem" Deutsch auseinandersetzte. Oft fußen die Werturteile auf subjektiven Einschätzungen und nicht auf wissenschaftlichen Untersuchungen. Versuchen staatliche Institutionen, Sprache bewusst zu gestalten, z. B. im Hinblick auf Lexik, Orthografie und Grammatik zu standardisieren, so spricht man von **Sprachlenkung** oder von **institutionalisierter Sprachpflege**.

Eng verknüpft mit der Sprachkritik und der Sprachpflege ist die **Stilkritik**. Ausgehend von Normvorstellungen werden mündliche oder schriftliche Äußerungen von der Stilkritik häufig mit den Prädikaten guter oder schlechter Stil versehen. Auch hier geht es um den Versuch, regulierend in Sprache einzugreifen, z. B. über die Publikation von Ratgebern.

Im folgenden Kapitel soll ausgehend vom Prozess des Sprachwandels ein Einblick gegeben werden in die anhaltende Auseinandersetzung um die deutsche Sprache. Die unterschiedlichen Positionen der Sprach- und Stilkritik, Versuche der Sprachpflege und die Haltung der Sprachwissenschaft zu dem Konflikt werden näher beleuchtet.

Aufgabe zur Selbsteinschätzung: Was weiß ich über Sprachwandel und Sprachkritik?

Sprechen Sie Denglisch?

Sprachverfall ist nur Sprachwandel

Rettet dem Deutsch!
Trägt der Online-Journalismus zum Sprachverfall bei?

Deutsch als Kultursprache ist bedroht

1. Welche Positionen werden in diesen Zeitungsschlagzeilen im Hinblick auf die Tendenzen der deutschen Gegenwartssprache deutlich? Welcher Auffassung würden Sie eher zustimmen?

Parties/Partys

Romeo und Julia wird häufig im Deutschunterricht gelesen/
Romeo und Julia werden häufig im Deutschunterricht gelesen

gewunken/gewinkt

Helfen Sie mir bitte das Auto in die Garage schieben/
Helfen Sie mir bitte, das Auto in die Garage zu schieben

ich wärbe/ich würbe

schraubte/schrob

Im Herbst letzten, vorigen, nächsten und dieses Jahres/
Im Herbst letzten, vorigen, nächsten und diesen Jahres

2. Wie würden Sie diese Zweifelsfälle der deutschen Sprache entscheiden? „Richtig" oder „falsch"? Schlagen Sie zur Überprüfung im Duden „Richtiges und gutes Deutsch. Wörterbuch der sprachlichen Zweifelsfälle" nach.

1 Deutsch for Sale –
Die aktuelle publizistische Sprach- und Stilkritik

Text

Mathias Schreiber: Deutsch for Sale

Die deutsche Sprache wird so schlampig gesprochen und geschrieben wie wohl nie zuvor. Auffälligstes Symptom der dramatischen
Verlotterung ist die Mode, fast alles angelsäch-
5 sisch „aufzupeppen". Aber es gibt eine Gegen-
bewegung.

Mit dem Tod jeder Sprache stirbt eine Welt.
Ein stilles Drama, das in allen möglichen Win-
keln der Erde ohne Unterbrechung aufgeführt
10 wird. (…) Dieses Schicksal ereilt immer mehr
der – heute noch – rund 6500 Sprachen dieser Welt. 273 davon werden von einer Mil-
lion Menschen und mehr gesprochen. Schon
in hundert Jahren, so schätzt Martin Haspel-
15 math vom Leipziger Institut, wird die kulturelle Globalisierung allenfalls noch 2000 dieser Wortwelten übriggelassen haben. Es gibt
pessimistischere Prognosen: Bis zu 80 Prozent
der Sprachen dieser Welt seien, meinte Mitte
20 Juli der mexikanische Sprachwissenschaftler
Rainer Enrique Hamel im Münchner Goethe-
Forum, im Verlauf des 21. Jahrhunderts „vom
Aussterben bedroht". Auch die deutsche?

Vielleicht ist die Sprache von Luther, Kant,
25 Goethe, Kleist, Bismarck, Daimler, Werner
von Siemens, Kafka, Rilke, Einstein, Brecht,
Thomas Mann und Grass dann auf die Bedeutung geschrumpft, die heute etwa das Platt-
deutsche hat, unentbehrlich allenfalls für das
30 Hamburger Ohnsorg-Theater. (…)

Die Furcht vor dem Bedeutungsschwund des
Deutschen wird weniger durch die mickrige
Geburtenrate des Landes oder den internationalen Siegeszug des Englischen genährt als
35 durch die seltsamste Leidenschaft, die ein Volk
nur befallen kann: die fast paranoide Lust der
Deutschen an der Vernachlässigung und Vergröberung des eigenen Idioms.

Wolf Schneider, 81, der ehemalige Leiter der
40 Hamburger Henri-Nannen-Journalistenschule
und Autor zahlreicher funkelnder Sprachfibeln
wie „Deutsch! Das Handbuch für attraktive
Texte" (2005), hat seine langjährigen Beobachtungen dieses Terrains kürzlich so nieder-
45 schmetternd zusammengefasst: „Es geht bergab mit der Sprache, machen wir uns nichts vor:

Die Fernsehschwätzer beherrschen die Szene,
die Bücherleser sind eine bedrohte Gattung, die
Grammatik ist unter jungen Leuten unpopulär,
ihr Wortschatz schrumpft, und viele 17-Jährige 50
betreiben das Sprechen wie ein „Nebenprodukt
des Gummikauens". (…)

Aber vieles verrät auch eine fortschreitende
Infantilisierung des Sprechens in Richtung
„prasseldumm", da nähert sich das „affen- 55
geile" Frischebad der puren „Top"- und „Hot"-
Verblödung.

Die „sprachlich-moralische Verluderung"
des Deutschen, die der Germanist Wolfgang
Thierse, Vizepräsident des Bundestags, beklagt 60
hat, ist nicht auf bestimmte Krassheiten des
Jugendjargons beschränkt. Sie greift lange schon
aus auf immer mehr Felder der sprachlichen
Kommunikation aller Schichten, Generationen,
Institutionen und Milieus. „Weithin", schreibt 65
der Sozialwissenschaftler Meinhard Miegel
in seinem jüngsten Buch, „drohen sprachliche
Fähigkeiten auf SMS-Niveau abzusinken."

Das Handy, zumal seine ablesbaren „SMS"-
Kurznachrichten („CU im East?" – gemeint ist 70
„see you …"), aber auch der E-Mail-Verkehr
übers Internet, mitsamt den dort üblichen
„Chatrooms", „Download-Portalen" und
„Websites", sind nicht nur Medien dieses Ver-
lusts, sondern Mitursachen. Der thailändische 75
Germanist Chetana Nagavajara macht die medial vermittelte „Vielrederei", ob am Telefon,
via Computer, Radio oder TV, für die „jämmer-
liche Situation" der Sprache verantwortlich:
mit der politisch bedenklichen Folge, dass wir 80
„gegenüber unserer sozialen Umwelt weniger
empfindlich" geworden seien, weil „unser Gesprächspartner nicht präsent ist". Nagavajara,
69, keilt gegen diese sprachlich-moralische
Krankheit mit dem drastischen Slogan aus: 85
„Frieden den Kneipen! Krieg den Handys!"

Nicht einmal die gehobene Schriftsprache, die
immer schon einen mehr oder weniger deut-
lichen, normativ verstandenen Feierlichkeits-
abstand zum Alltagsdeutsch wahrte, bleibt von 90
alldem unberührt: Lange, architektonisch raffi-
niert gebaute Sätze, wie sie bei Kleist, Thomas

47

Mann, Thomas Bernhard, sogar noch bei dem jungen Daniel Kehlmann zu finden sind, sterben allmählich aus. So etwas mag im Zeitalter atemloser Reduktion, auch im Zeichen jener schon von Goethe beklagten „veloziferischen" Beschleunigung aller Lebensvorgänge, kaum noch einer verstehen, geschweige denn schreibend erarbeiten.

In den Sätzen von Goethe und Heine lag die durchschnittliche Zahl der Wörter noch bei 30 bis 36; Thomas Mann brilliert in dem Romanzyklus „Joseph und seine Brüder" mit einem Rekordsatz, der 347 Wörter umfasst. Heutige Zeitungstexte begnügen sich mit 5 bis 13 pro Satz. Auf dem Boulevard, doch auch im seriöseren Radio und Fernsehen ist der simple Vier-Wörter-Satz Trumpf. Muster: „Der Nahe Osten brennt." Steuern wir auf das Ideal der Comic-Sprechblase zu, etwa nach der grellen Vorlage „Wow! Echt voll wooky!"? (…) Verkürzung, Vereinfachung, Vergröberung bilden die Trias einer gespenstischen Abwärtsdynamik der gesprochenen und geschriebenen Sprache. (…)

Zur Entdifferenzierung des Sprachbilds, die etwa vor hundert Jahren einsetzte und sich seitdem bedrohlich beschleunigt hat, gehören auch Erscheinungen wie das allmähliche Verschwinden des Konjunktivs, der wichtige Nuancierungen ermöglicht – in der indirekten Rede „Müller meinte, Meier sei ein Schuft" steckt die kritische Frage, ob Meier auch wirklich so „ist"; ferner die schleichende Schwächung der starken Verbformen („backte" statt „buk"), eindeutig eine klangliche Verarmung; dann das immer beliebtere Ersetzen des Präteritums durch das vermeintlich leichtere Perfekt (statt „rief" „hat gerufen"), ein sprachlicher Denkverlust, zu dem der Triumph des Erzählens im Hallo-hier-bin-ich-Präsens bei zahlreichen neuen Romanen nicht wenig beiträgt; schließlich die ständige Verwechslung von Adjektiv und Adverb („teilweiser Verlust" geht nicht, nur „teilweise verloren") sowie die wachsende Unsicherheit im Umgang mit Deklination, Konjugation, Präposition, Konjunktion.

Es kann nicht mehr lange dauern, und „Er bedarf dem Trost" oder „Rette dem Deutsch" stören niemanden mehr, dem Sprachkritiker Bastian Sick zum Trotz (nein, nicht „zu des Trotzes"!), dessen witziger, scharfsinniger Bestseller „Der Dativ ist dem Genitiv sein Tod" tapfer Widerstand leistet – und damit sogar spektakuläre Erfolge feiert. (…)

Schrecklichstes, auch ständig auf schreckliche Weise vereinfachtes und verharmlostes Symptom der kranken Sprache aber ist jenes modische Pseudo-Englisch, das täglich aus den offenbar weitgehend gehirnfreien Labors der Werbeagenturen, Marketing-Profis, Computer-Verkäufer, Technik-Anbieter, Popmusik-Produzenten („Charts", Flops", „flashen"), aber auch aus Behörden, wissenschaftlichen Instituten, Massenmedien und den Reden-Schreibstuben der Politiker und Verbandssprecher quillt wie zähfließender, giftiger Magma-Brei, der ganze Kulturlandschaften unter sich begräbt. (…)

Wäre es nicht so lachhaft, Verzweiflung wäre, nein: nicht „angesagt", sie wäre Pflicht. Obwohl durchaus eine Unterabteilung solch würdeloser Anbiederei an eine allenfalls halbkorrekt benutzte Fremdsprache, ist daneben der Import englischsprachiger Redensarten etwa bei „vergiss es" („forget it"), „Sinn machen" („to make sense") oder „genau!" („exactly!") eine harmlose Unart, schädlich erst dann, wenn die entsprechenden deutschen Wendungen wie „mach dir nichts draus" oder „Sinn ergeben" auszusterben drohen. (…)

All das wirkt letztlich unfreiwillig komisch, gerade auch auf Angelsachsen, die sich etwa über das vermeintlich authentische „Handy" (angelsächsisch „cell phone" oder „mobile phone"), über „Dressman" oder „Talkmaster" (das pseudodeutsche Gegenstück zum englischen „Talkshow host") wundern.

Die naive Überschätzung des Fremden, die darin zutage tritt, hält sich selbst gern für die richtige Reaktion auf Fremdenfeindlichkeit, obwohl sie diese eher mitverursacht. Auch das gehört zu den Spätfolgen der Nazi-Verbrechen, die eine einigermaßen ausbalancierte Identifikation der Deutschen mit sich selbst für Jahrzehnte unmöglich gemacht haben. Wenn sie an sich selbst denken, werden Deutsche rasch unsicher. Und die Flucht ins Englische bietet scheinbar mehr Sicherheit.

Letzten Endes verrät der kollektive Kniefall vor dem Sprachgestus der Angelsachsen eine tiefsitzende Verkrampfung, die im kosmopolitischen Imponiergehabe nur Kompensation sucht, nicht aber erlöst wird. Schließlich spielt wohl der Wunsch eine Rolle, wenigstens symbolisch an der Spitze des globalen technischen Fortschritts und an der Seite der Sieger des Zweiten Weltkriegs (und so vieler Hollywood-Filme) zu marschieren. Nach dem Motto: „Lieber ein halber Ami als ein ganzer Nazi", wie es Walter Krämer zuspitzt, Vorsitzender des „Vereins Deutsche Sprache" und Professor für Wirtschaftsstatistik an der Universität Dortmund.

Krämer, 57, Mitautor des „Lexikons der populären Sprachirrtümer" (2001), ist der temperamentvollste und originellste „Denglisch"-Verächter unter den deutschen Sprachhütern. Der von ihm 1997 gegründete „Verein Deutsche Sprache", der größte Sprachclub in Europa, hat über 27 000 Mitglieder in mehr als hundert Ländern. Er arbeitet mit Zeitungsanzeigen, mit polemischen Schriften wie „Modern Talking auf Deutsch", mit Kongressen, mit Interventionen bei Politikern, mit Internet-Umfragen, mit lustigen Aktionen wie der jährlichen Ausrufung des Titels „Sprachpanscher des Jahres" oder der Initiative „Lebendiges Deutsch": Jeden Monat werden drei „treffende" deutsche Ersatzwörter für „überflüssige" englische in Umlauf gebracht. Krämer hat auch schon mal eine symbolische E-Bay-Versteigerung der deutschen Sprache versucht – „weil sie sonst ja niemand mag und hegt". (…)

Aufgabe

1. Fassen Sie die hier vorgetragenen Thesen, Argumente und Beispiele zum Zustand bzw. zu den vermuteten Entwicklungstendenzen der deutschen Sprache zusammen. Halten Thesen, Argumente und Beispiele einer Überprüfung stand? Formulieren Sie Gegenthesen und Gegenargumente. Führen Sie mögliche Gegenbeispiele an.

2. Untersuchen Sie den Text im Hinblick auf rhetorische Strategien der Auf- und Abwertung, und machen Sie die damit verbundene Absicht deutlich.

3. Untersuchen Sie in diesem Zusammenhang auch die für populäre Sprachkritik typische Organismus-Metaphorik, mit der hier die Sprache als kranker Organismus („Symptom der kranken Sprache", Zeile 148/49) dargestellt wird. Eine für das 19. Jahrhundert typische Auffassung von Sprache bestand darin, dass man sie mit einem lebenden Organismus verglich, der nach bestimmten Gesetzen wächst, sich entwickelt, altert und abstirbt. Ferdinand de Saussure wandte sich schon am Ende des 19. Jahrhunderts in der Auseinandersetzung mit dem Sprachwissenschaftler Hovelacque vehement gegen eine solche Auffassung von Sprache:

„Man liest beinahe auf der ersten Seite eines Werkes von Hovelacque über die Sprachwissenschaft: ‚Die Sprache (langue) kommt zur Welt, wächst, geht unter und stirbt wie jedes organische Wesen.' Dieser Satz ist absolut typisch für die selbst bei den Linguisten so verbreitete Auffassung, die zu bekämpfen man nicht müde wird und die direkt dazu geführt hat, dass man aus der Linguistik eine Naturwissenschaft gemacht hat. Nein, die Sprache ist kein Organismus, sie hat keine Vegetation, die unabhängig von Menschen existiert, sie hat kein selbständiges Leben, das eine Geburt und einen Tod mit sich bringt."

4. Welcher Textsorte würden Sie den Spiegel-Artikel zuordnen?

5. Untersuchen Sie auch das Spiegel-Cover. Inwiefern soll es die Aussage des Textes unterstützen?

Tipp zur Weiterarbeit

1. Jan Georg Schneider: Sprache als kranker Organismus. Linguistische Anmerkungen zum Spiegel-Titel „Rettet dem Deutsch!". In: Aptum. Zeitschrift für Sprachkritik und Sprachkultur, 1/2007

2. Jens Gerdes: Zur Spiegel-Titelgeschichte „Rettet dem Deutsch" – Eine „quasi-wissenschaftliche" Betrachtung. In: Sprachreport, 4/2006, S. 10–13

3. Deutsch: Ächz, Würg. Eine Industrienation verlernt ihre Sprache. In: Der Spiegel, 28/1984, S. 126–136

4. Vergleich der beiden Spiegel-Titelgeschichten in Ausgabe 28/1984 und in Ausgabe 40/2006

2 Welches Deutsch sprechen wir in fünfzig Jahren? – Sprachwandel

Text

Tobias Hürter: Welches Deutsch sprechen wir in fünfzig Jahren?

Verfällt unsere Muttersprache? Wird sie gar verschwinden? Oder erneuert sie sich? Ihr Schicksal liegt uns allen buchstäblich auf der Zunge. Stellen Sie sich vor, Sie sind im Auto unterwegs. Eine junge Frau steht mit einer Panne am Straßenrand. Sie bieten Ihre Hilfe an. Die Frau antwortet: „Danke! Ich bekomme schon geholfen."

„Bekomme geholfen", stutzen Sie da? Dann geht es Ihnen wie den meisten deutschen Sprechern. Obwohl sie es verstehen, klingt es irgendwie falsch für ihre Ohren – noch. Ein wachsender Anteil von Sprechern benutzt diese Konstruktion namens Dativpassiv. Vielleicht haben auch Sie schon mal etwas „geschenkt bekommen" oder „einen Zahn gezogen gekriegt"? Dann könnte es Ihnen ja doch irgendwann herausrutschen, dass Sie „geholfen bekommen" – und Ihre Urenkel bekommen womöglich gar „gehelft". Das Dativpassiv ist dabei, sich im Deutschen festzusetzen. Es steht heute in keiner Schulgrammatik. In 50 Jahren könnte es in jeder stehen.

Unsere Muttersprache verändert sich. Das Dativpassiv ist nicht die einzige Konstruktion, die sich den Weg in den allgemeinen Sprachgebrauch bahnt. Neue Verbformen schleichen sich ein, alte Wörter werden neu ausgesprochen. Die Mechanismen und Ursachen des Sprachwandels waren lange ein Rätsel. „Seit dem 19. Jahrhundert suchen wir nach ihnen", sagt der Sprachforscher Rudi Keller von der Universität Düsseldorf, „jetzt können wir behaupten, wenigstens die Grundzüge zu verstehen."

Sicherlich spielen kulturelle und soziale Veränderungen eine Rolle: Migranten, das Internet, die Werbung, der Einfluss des Englischen. Aber wohin führt das alles? Verfällt das Deutsche? „Die deutsche Sprache wird so schlampig gesprochen und geschrieben wie wohl nie zuvor", klagt Mathias Schreiber, Redakteur des „Spiegel"-Kulturressorts. 65 Prozent der Deutschen sehen es wie er, hat die Gesellschaft für deutsche Sprache in einer Umfrage ermittelt. Könnte unserer Muttersprache gar der Untergang drohen? (…)

Wie düster ist die Lage wirklich? Fast jede Generation stimmt ihre eigene Klage über den Sprachverfall an: „Die Sprache wird heute so schnell umgebildet, dass sie verkommen und verlottert ist. Unbeholfenheit und Schwerfälligkeit, Schwulst, Ziererei und grammatische Fehlerhaftigkeit nehmen zu", schrieb der Philologe Gustav Wustmann 1891. Wenn alle Warnungen vor dem Niedergang des Deutschen eingetroffen wären, müsste unsere Muttersprache längst zu einem Grunzen degeneriert sein.

Die Entwicklung des Deutschen gleicht einer Flüsterpost von den alten Germanen über die Minnesänger, Luther und Goethe bis heute

Lebende Sprachen verändern sich mit der Welt, über die sie sprechen, das liegt in ihrer Natur. Neue Wörter entstehen. Alte verschwinden, werden anders ausgesprochen oder bekommen neue Bedeutungen. Nur sechs Generationen trennen uns von Johann Wolfgang Goethe – 250 Jahre Flüsterpost: Jede Generation hat ihre Eltern bestens verstanden. Aber der größte deutsche Dichter hätte heute ernstliche Verständigungsschwierigkeiten. Wenn Goethe sich „beitätig" zeigen wollte, dann wollte er helfen. Wenn er etwas „merkwürdig" fand, dann meinte er es wörtlich: würdig, es sich zu merken. Merkwürdig im heutigen Sinn klingt Friedrich Schillers Rat, „Heirate, weil du jung bist" – bis man „weil" wie er versteht: als „während". Ursprünglich stammt „weil" vom mittelhochdeutschen „wîle", also „Weile". Der zeitliche Zusammenhang wurde erst später in einen Ursachenzusammenhang umgedeutet. Und die bewegte Geschichte von „weil" geht weiter. Heute wird es mehr und mehr dazu benutzt, um Begründungen statt Ursachen zu benennen: „Peter ist schon weg, weil sein Auto steht nicht mehr im Hof." Dieses „epistemische Weil" ist dabei, sich von der Umgangssprache in die Standardsprache vorzuarbeiten. Man erkennt es an der für Weil-Sätze sonst ungewohnten Hauptsatzstellung.

Wörter schleifen sich ab im langen Gebrauch, wie Kiesel in einem Flussbett. Das lateinische „aqua" (Wasser) wurde im Französischen zu „eau"; lateinisch „habent" (sie haben) wurde zum spanischen „han" – und wer weiß, vielleicht hat es ja schon Cicero so ausgesprochen. Im Deutschen schreiben wir „haben" und sagen meist „ham". „In ein paar hundert Jahren könnte ‚ham' auch die Schriftform sein", sagt der Sprachforscher Keller. Im Englischen, das mit dem Deutschen die germanischen Wurzeln gemeinsam hat, sind fast alle Endsilben diesem Abnutzungsprozess zum Opfer gefallen. Daher gilt Deutsch manchen Linguisten als „verlangsamtes Englisch".

Aber auch die deutsche Grammatik glättet sich im Lauf der Zeit. Ein jahrhundertealter Trend ist, dass starke Verben sich in schwache verwandeln. „Schrauben" zum Beispiel: Die Vergangenheitsform von „er schraubt" lautete früher nicht „er schraubte", sondern „er schrob" – und in manchen Gegenden hat sich „schrob" bis heute gehalten. Die meisten Deutschen benutzen die alte Form nur noch im Adjektiv „verschroben". Gut möglich, dass unsere Nachfahren einst „er helfte" statt „er half" sagen. Die Engländer tun es bereits: Aus dem mittelenglischen „he holp" wurde im Lauf der Jahrhunderte „he helped".

Jede sprachliche Neuerung beginnt mit einem Regelbruch, der sich dann nach und nach selbst als neue Regel durchsetzt. Wie würden Sie zum Beispiel reagieren, wenn ein Freund Ihnen am Telefon sagt, er sei gerade „am Kochen"? Noch akzeptabel? Und wenn er sagt, er sei gerade „Suppe am Kochen"? Wenn Sie auch da nicht aufhorchen, sind Sie vermutlich aus dem Rheinland. Von dort nämlich breitet sich derzeit diese Am-Konstruktion, auch „rheinische Verlaufsform" genannt, über den deutschen Sprachraum aus.

Mit dem Sprechen ist es ein bisschen wie mit dem Gehen. Es ist so selbstverständlich, dass wir kaum darüber nachdenken. Rudi Keller, der von seinem Arbeitszimmer aus den Düsseldorfer Uni-Campus überblicken kann, vertritt eine sehr anschauliche „Trampelpfadtheorie" über den Sprachwandel: Die Studenten laufen zwischen Hörsälen, Bibliothek und Mensa nicht auf den angelegten Wegen, sondern kürzen über den Rasen ab. „Der einzelne Student denkt sich nicht viel dabei, er ist schlicht faul", sagt Keller, „aber insgesamt entsteht so ein Wegenetz, das viel intelligenter organisiert ist als das von den Architekten geplante." So ähnlich ist es mit der Sprache: Sie ist ein Gemeinschaftswerk ihrer Sprecher, ohne dass jemand sie lenkt – weder Kunstprodukt noch Naturphänomen.

Einer dieser Trampelpfade, den die deutschen Sprecher gerade legen, ist der unbestimmte Demonstrativartikel: „Da vorne fährt son Bus mit Wasserstoffantrieb." „Son" verhält sich zu „ein" wie der bestimmte Demonstrativartikel „dieser" zu „der". Es wäre wirklich ein neues Wort, keine bloße Zusammenziehung von „so ein", denn wir könnten es auch verneinen und in die Mehrzahl setzen: „kein son Bus", „zwei sone Busse". Es wird sicherlich noch Jahrzehnte dauern, bis „son" und „sone" vom Umgangsdeutschen in die Schriftsprache einziehen. „Das wäre kein Verfall", sagt Rudi Keller, „sondern eine Komplettierung unseres Sprachsystems."

Wenn wir nur faul wären, würden wir nur noch miteinander nuscheln. Aber wir haben Gründe, etwas Schwung in unsere Sprache zu bringen. Wir wollen den Mitmenschen auffallen, imponieren, sie bewegen und höflich zu ihnen sein – und dazu entfernen wir uns immer wieder von den ausgetretenen Pfaden der Sprache.

Die gegenläufigen Kräfte bringen immer wieder Schwung in den Sprachwandel. So hatte das Deutsche jahrhundertelang ein tadelloses Wort für Frauen: „wîp" – Weib. Aber die Minnesänger wollten die Frauen nicht nur bezeichnen, sondern ihnen schmeicheln, und so besangen sie sie als „vrouwe" – Herrin. Die Frauen gewöhnten sich daran, „Weib" dagegen bekam einen abfälligen Klang. Heute ist „Dame" das betont höfliche Wort – in einer „Frauenklinik" gibt es „Damentoiletten", aber es gibt weder „Damenkliniken" noch „Frauentoiletten". Wenn die Geschichte sich wiederholt, wird „Dame" in die Rolle von „Frau" nachrutschen. Aber ebenso könnte es sein, dass „Dame" einen schlechten Beiklang bekommt wie „Dirne", das früher einmal schlicht für unverheiratete Frauen stand. Das wäre das Ende der „Damentoilette". (...)

Über die letzten 450 Jahre plätscherte der Wandel des Deutschen eher ruhig dahin. Wir können Luthers deutsche Schriften mit etwas Mühe im Original lesen, während heutige Englischsprecher die Zeitgenossen Luthers richtiggehend übersetzen müssen. Luther war der große Einiger der deutschen Sprache. Vor seiner Bibel-Übersetzung war das Deutsche ein Sammelsurium regionaler Dialekte ohne übergreifende Hochsprache. Wer sich ein paar Kilometer von zu Hause entfernte, konnte sich meist nur noch mit Händen und Füßen verständigen. Den Gelehrten jener Epoche blieb nur Latein als gemeinsame Sprache.

In der Zeit von Luther bis ins 20. Jahrhundert stieg Deutsch zur führenden Kultur- und Wissenschaftssprache auf. Wer vor dem Zweiten Weltkrieg in Physik, Mathematik, Philosophie oder Psychologie über das „Unschärfeprinzip" oder das „Entscheidungsproblem", über „Erkenntnis" oder das „Ich" reden wollte, musste den deutschen Jargon seiner Disziplin beherrschen. Heute benutzen sogar deutsche Forscher die englischen Übersetzungen dieser Begriffe. „Deutsch verliert angestammte, mühsam errungene Domänen", sagt die Linguistin Karin Donhauser von der Humboldt-Universität in Berlin.

Auch bei der Jugend verliert das gute alte Hochdeutsch an Boden. Englisch ist „cooler", mit den Migranten mischen sich Einflüsse aus südlichen und östlichen Ländern dazu. Auch junge Deutsche sagen türkisch „lan" für Kumpel. „Die neuen Sprecher verändern nicht nur den Wortschatz des Deutschen, sondern auch seinen Klang. So gilt im Deutschen seit germanischer Zeit die Regel des Silbenschnitts: Kurze Vokale stehen in geschlossenen Silben („Topf"), lange in offenen Silben („roh"). Wenn wir „roh" mit kurzem o sprechen wollen, schließen wir die Silbe unwillkürlich mit einem Stopplaut aus dem Kehlkopf. Kaum ein deutscher Muttersprachler hat vom Silbenschnitt gehört, aber jeder befolgt ihn. Zuwanderer kennen diese Regel nicht aus ihrer Heimatsprache und brechen sie. Ein kurzes „roh" ist fremd für uns, aber nicht unverständlich. Wir beginnen, uns umzugewöhnen. „Der Silbenschnitt wird wohl verschwinden", sagt Dietmar Zaefferer, Linguist an der Universität München. Wer wird ihn vermisssen?

Andere Sprachen sind seit jeher zugänglicher für fremde Einflüsse als das Deutsche. Jedes dritte englische Wort ist französischen Ursprungs – und der reiche Wortschatz gilt als Stärke des Englischen. Keine Angst also vor einem Entwicklungsschub des Deutschen!

Wenn viele Deutsche um ihre Sprache bangen, dann vielleicht auch deshalb, weil sie nicht mehr den Ton angeben. Lange Zeit haben Bildungsbürger und Schriftsteller bestimmt, was gutes Deutsch ist. Damals war es auch nicht besser: Zu Zeiten Goethes und Schillers war es in höheren Kreisen en vogue, französisch zu parlieren. Und wie gestelzt klingen heute Fremdwörter wie „azotisch" oder „abhorrescieren", die das erste Duden-Wörterbuch von 1880 verzeichnet! Das Deutsche hat sich von selbst von ihnen gereinigt.

Heute findet der Sprachwandel auf den Schulhöfen, in SMS-Botschaften und den Chatrooms des WWW statt. Eine Sprachform bildet sich heraus, die der Publizist Dieter E. Zimmer als „Privates Spontanes Alltagsdeutsch" bezeichnet: „Man schreibt so, wie man denkt und spricht." Das sei schlecht fürs Schreiben, befürchtet Zimmer. Andererseits könnte es aber auch dem Denken und Sprechen guttun.

Aufgabe

1. Welche sprachlichen Veränderungen stellt der Autor am Gegenwartsdeutsch fest? Stellen Sie die hier angeführten Beispiele nach Wortschatz, Grammatik und Aussprache dar. Ergänzen Sie weitere Ihnen bekannte Beispiele für den aktuellen Sprachwandel.

2. Welche Ursachen führt der Autor für den sich abzeichnenden Sprachwandel an und wie bewertet er ihn? Welche Auffassung von Sprache wird dadurch deutlich? Belegen Sie Ihre Aussagen am Text.

3. „Jede sprachliche Neuerung beginnt mit einem Regelbruch." (Z. 117 f.) Erörtern Sie diese Aussage.

4. Erläutern Sie anhand von Wort-Beispielen aus dem Text oder einer Sprachgeschichte den Sprachwandel der deutschen Sprache. Die Beispiele aus dem Text entstammen einem Vortrag des Sprachwissenschaftlers Rudi Keller. Das lesenswerte Manuskript finden Sie unter *http://www.phil-fak.uni-duesseldorf.de/uploads/media/Sprachwandel.pdf*

5. Überprüfen Sie in einem Online-Sprachtest der Humboldt-Universität Berlin, wie modern Ihr Deutsch ist und welche Rolle Sie als Sprecher im Sprachwandelprozess spielen. *(http://www2.hu-berlin.de/sprachgeschichte/ multimedia/mswissenschaft.php?PHPSESSID=ea35753c78c16ff11274bb0ee7a07e53)*

3 Ist die deutsche Sprache vom Verfall bedroht? – Sprachwissenschaftliche Positionen

> **Text**

Rudi Keller: Ist die deutsche Sprache vom Verfall bedroht?

Zunächst einmal fällt dreierlei auf:

1. Seit mehr als zweitausend Jahren ist die Klage über den Verfall der jeweiligen Sprachen literarisch dokumentiert, aber es hat bislang noch nie jemand ein Beispiel einer „verfallenen Sprache" benennen können.
2. Vom Verfall bedroht ist offenbar immer die jeweils zeitgenössische Version der jeweiligen Sprache. Kein britischer Prinz würde beispielsweise heute darüber klagen, dass das wundervolle Angelsächsisch zu dem völlig gallifizierten Neuenglisch verkommen ist.
3. Sprachkritik ist – und auch das sollte zu denken geben – stets Fremdkritik, Kritik am Sprachgebrauch der anderen. Die Klage „Was schreibe ich doch für ein verwahrlostes Deutsch im Vergleich zu meinen Großeltern", diese Form der Selbstkritik ist äußerst rar.

Das vorherrschende Bild ist folgendes: Der gegenwärtige Zustand meiner Sprache ist der korrekte, gute und schöne, und von nun an geht's rapide bergab. Im 19. Jahrhundert wurde dieses Bild des Sprachverfalls oft noch theoretisch untermauert durch die Organismus-Metapher: Die Sprache ist ein Organismus, und bei Organismen ist und war es schon immer so, dass sie „nach bestimmten Gesetzen wuchsen und sich entwickelten und wiederum altern und absterben" (August Schleicher 1863). Diesem Organismus-Denken ist es wohl auch zu verdanken, dass wir eine Sprache wie das Latein als „tote" Sprache bezeichnen. In Wahrheit ist Latein natürlich nicht tot, sondern lebt munter weiter in Formen, die man gemeinhin „französisch", „italienisch", „katalanisch" usw. nennt; so gesehen ist Französisch nichts anderes als verfallenes Latein: Die schöne klassische Form *cantabo* „ich werde singen" wurde im Vulgärlatein ersetzt durch die analytische Umschreibung *cantare habeo* und diese dann – durch die schludrige Aussprache der Gallier – sukzessive über *cantare aio* zu der französischen Form *chanterai* heruntergewirtschaftet. Und damit nicht genug: *chanterai* wird mehr und mehr verdrängt durch eine neue vulgäre Umschreibung *je vais chanter*. So müsste eine sprachgeschichtliche Beschreibung aussehen, wenn man die Sprachentwicklung mit den Augen eines Verfallstheoretikers betrachten würde.

Und damit bin ich bei meiner zentralen These: Was wir als Sprachverfall wahrnehmen, ist der allgegenwärtige Sprachwandel, aus der historischen Froschperspektive betrachtet. Wir beobachten die Sprache punktuell durch ein schmales Zeitfenster und erkennen in diesem begrenzten Ausschnitt notwendigerweise jede Menge Fehler und Barbarismen. Die systematischen Fehler von heute sind mit hoher Wahrscheinlichkeit die neuen Regeln von morgen. (…)

> **Aufgabe**

1. Was versteht Rudi Keller unter dem „Topos des Sprachverfalls", und wie erklärt er ihn?

2. Erläutern Sie die drei „Auffälligkeiten" (Z. 1 ff.) und die daraus abgeleitete zentrale These: „Was wir als Sprachverfall wahrnehmen, ist der allgegenwärtige Sprachwandel, aus der historischen Froschperspektive betrachtet." (Z. 23 f.)

3. Lesen Sie das vollständige Manuskript des Vortrages des Sprachwissenschaftlers Rudi Keller, und überprüfen Sie die oben aufgestellten Thesen anhand der dort aufgeführten Beispiele. Sie finden den Text unter *http://www.phil-fak.uni-duesseldorf.de/uploads/media/Sprachverfall.pdf*

4. Ist die deutsche Sprache vom Verfall bedroht? Nehmen Sie begründet Stellung.

> **Tipp zur Weiterarbeit**

1. Verschaffen Sie sich mit Hilfe der Website der Uni Chemnitz einen Überblick über die Geschichte der sprachpflegerischen Eindeutschungen von den barocken Sprachgesellschaften bis zum heutigen Verein für deutsche Sprache. *(http://www.tu-chemnitz.de/phil/leo/rahmen.php?seite=r-wiss/klemm:deutsch2.php)*

Sprach- und Stilkritik an Tendenzen der deutschen Gegenwartssprache

4 Richtiges und falsches Deutsch? – Die Sprachglossen von Bastian Sick

Text

Bastian Sick: Stop making sense!

Seit einiger Zeit hat sich im deutschen Sprachraum eine Phrase breit gemacht, die auf die alte Frage nach dem Sinn eine neue Antwort zu geben scheint. Mit ihr feiert die Minderheitensprache Denglisch ungeahnte Triumphe, grammatischer Unsinn „macht" plötzlich Sinn.

„Früher war alles besser", sagen ältere Menschen gern. „Früher war alles schlechter", pflegt der Großvater der Opodeldoks zu sagen. Wie auch immer man die Vergangenheit bewertet, sicher ist: Früher war einiges anders. Früher sagte man zum Beispiel noch: „Das ist sinnvoll." Dieser Ausdruck scheint inzwischen vollständig verschwunden. Neuerdings hört man nur noch „Das macht Sinn", in der Negation „Das macht keinen Sinn" oder, im besten Kauderdeutsch: „Das macht nicht wirklich Sinn …"

Der Sprachkritiker Bastian Sick

Herkunftsland dieser Sprachmutation ist wieder einmal „Marlboro Country", das Land, wo angeblich alles möglich ist, solange der Strom nicht ausfällt. „That makes sense" mag völlig korrektes Englisch sein, aber „Das macht Sinn" ist alles andere als gutes Deutsch. Irgendwer hat es irgendwann zum ersten Mal verkehrt ins Deutsche übersetzt, vielleicht war es sogar derselbe, dem wir die unaussprechlichen „Frühstückszerealien" zu verdanken haben und das schulterklopfende „Er hat einen guten Job gemacht" („He did a good job"), welches die bis dahin gültige Feststellung „Er hat seine Sache gut gemacht" abgelöst zu haben scheint. Wie auch immer, jedenfalls hat der Erfinder damit einen grandiosen Hit gelandet, um den ihn jede Plattenfirma beneiden würde. Denn „macht Sinn" läuft auf allen Kanälen, dudelt aus sämtlichen Radios, schillert durch Hunderte Illustrierte, hallt aus den Schluchten des Zeitgeistmassivs und verliert sich in den tiefsten Niederungen unserer Spaßgesellschaft.

Es gibt Menschen, die finden die Phrase „schick", weil „irgendwie total easy und aktuell mega angesagt". Diese Menschen haben ihr Sprachgefühl vor vielen Jahren im Babyhort irgendeiner Shopping-Mall abgegeben und „voll im Endstress" vergessen, es hinterher wieder abzuholen. Es gibt andere, denen kommt die Phrase wie gerufen, weil sie modern und hemdsärmelig-zupackend zugleich klingt: „Das macht Sinn" ist prima geeignet, um über ein mangelndes Profil oder fehlende Sachkompetenz hinwegzutäuschen und von politischen Missständen abzulenken. Da wird von „machen" gesprochen und gleichzeitig Sinn gestiftet! Das ist der Stoff, aus dem große politische Reden geschrieben werden: „Ich sag mal, das macht Sinn, das ist so in Ordnung …"

Die breite Masse der „macht Sinn"-Sager denkt sich nichts dabei, vielleicht hält sie die Redewendung sogar für korrektes Deutsch. Schließlich hört man es doch täglich im Fernsehen; da kommt einem das „macht Sinn" irgendwann wie von selbst über die Lippen. Es ist ja auch so schön kurz, prägnant und praktisch. Ob nun richtig oder falsch, was „macht" das schon, solange es jeder versteht? Es macht vielleicht wirklich nicht viel, nicht mehr als ein Fettfleck auf dem Hemd, als Petersilie zwischen den Zähnen, als ein kleines bisschen Mundgeruch. Doch schon der Kolumnist und Satiriker Max Goldt geißelte den „primitiven Übersetzungsanglizismus" und warnte davor, dass Menschen, die „macht Sinn" sagen, von anderen weniger ernst genommen würden. Das Wort „machen", so Goldt, komme ohnehin schon häufig genug vor in der deutschen Sprache.

Womit er allerdings Recht hat. Deutsch ist die Sprache der Macher und des Machens. Das fängt bei der Geburt an (den ersten Schrei machen) und endet mit dem Tod (den Abgang machen). Dazwischen kann man das Frühstück machen und die Wäsche, einen Schritt nach vorn und zwei zurück; man kann Pause machen, Urlaub oder blau, eine Reise ins Ungewisse und plötzlich Halt; man kann eine gute Figur machen und trotzdem einen schlechten Eindruck; man kann den Anfang machen, seinen Abschluss machen, Karriere machen; man kann drei Kreuze machen, Handstand oder Männchen; man kann die Nacht durchmachen, ein Opfer kalt machen, Mäuse, Kies und Kohle und sich ins Hemd machen; man kann andere zur Schnecke machen und sich selbst zum Affen; man kann sogar Unsinn machen – aber Sinn? „Sinn" und „machen" passen einfach nicht zusammen. Das Verb „machen" hat die Bedeutung von fertigen, herstellen, tun, bewirken; es geht zurück auf die indogermanische Wurzel mag-, die für „kneten" steht. Das erste, was „gemacht" wurde, war demnach Teig. Etwas Abstraktes wie Sinn lässt sich jedoch nicht kneten oder formen. Er ist entweder da oder nicht. Man kann den Sinn suchen, finden, erkennen, verstehen, aber er lässt sich nicht im Hauruck-Verfahren erschaffen.

4 Richtiges und falsches Deutsch? – Die Sprachglossen von Bastian Sick

50 Die deutsche Sprache bietet viele Möglichkeiten, den vorhandenen oder unvorhandenen Sinn auszudrücken. Neben „Das ist sinnvoll" ist ebenso richtig: „Das ergibt einen Sinn", „Das hat einen Sinn", „Ich sehe einen Sinn darin." Um nur eine Ahnung der vielfältigen Möglichkeiten zu geben, sei hier ein Auszug aus dem monumentalen Lamento-Monolog des sagenumrankten Sinnfried Sinnstifter zitiert, der die Aufforderung, einen sinnvollen Satz ohne „machen" zu formulieren, empört mit folgenden Worten zurückwies: „Warum sollte das sinnvoll sein? Ich
55 sehe keinen Sinn darin! Welcher Sinn sollte sich dahinter verbergen? Das ist vollkommen unsinnig! Ich kann keinen Sinn darin erkennen. Das ist absolut ohne Sinn, es ergibt nicht den geringsten Sinn. Ich frage Sie, wo bleibt da der Sinn? Liegt denn überhaupt ein Sinn darin? Der Sinn des Ganzen ist unergründbar! Mir vermag sich der Sinn nicht zu erschließen, und je länger ich den Sinn zu ergründen, zu erhaschen, zu begreifen suche, desto deutlicher sehe ich, dass es keinen Sinn hat!"

60 In ein paar Jahren steht „macht Sinn" vermutlich im Duden-Band 9 („Richtiges und gutes Deutsch"), dann haben es die Freunde falscher Anglizismen mal wieder geschafft. (…) Mit solchem Deutsch lässt sich vermutlich mancher Trend-Award gewinnen, aber bestimmt kein Blumentopf.

> **Aufgabe**

1. Fassen Sie die von Bastian Sick kritisierten Sprachaspekte knapp zusammen.

2. Welche Begründungen führt Bastian Sick in seiner Glosse für den von ihm favorisierten Sprachgebrauch an? Nach welchen Kriterien unterscheidet er zwischen „falsch" und „richtig"?

3. Untersuchen Sie die sprachlich-rhetorischen Mittel, und kennzeichnen Sie die typischen Stilmittel der Sprachglosse.

4. Bestimmen Sie die Absicht des Verfassers der Sprachglosse. An welchen Leserkreis wendet er sich?

> **Text**

André Meinunger: Könnte es doch Sinn machen?

(…) Eine ähnliche Strategie der Verteidigung bei der Anklage auf widerrechtliche Erschleichung der Einbürgerung kann man beim Anglizismus *das macht (keinen) Sinn* verfolgen. Mit Sicherheit geht dieser Ausdruck auf die englische Formulierung *that makes (no) sense* zurück. Vormals sagte man *Das hat (keinen) Sinn.* (…)

Nun ist es so, dass eine ganze Reihe von bedeutungsschwachen Verben sehr vage gebraucht wird. Als bedeutungsschwach gelten in diesem Fall Verben, die keine fest umrissene, hochspezifische und dabei genau zu definierende Bedeutung haben wie *haben, machen, tun, bringen, gehen* usw. Ganz klare und unmissverständliche Verben im Gegensatz zu den genannten wären *niesen, bespitzeln, krähen* oder *tapezieren*. Da ist immer ein Nieser oder eine Art Spion, ein Hahn, beziehungsweise ein Tapezierer dabei. *Machen* hingegen bedeutet nicht immer, dass ein Macher dahintersteht: *das macht Spaß, das macht keinen Unterschied, das macht Lust auf mehr.* Solche abstrakten Begriffe, die sich auf unknetbare Dinge beziehen, findet man zuhauf: *etwas macht Eindruck, Mühe, Angst; jemand macht Karriere* oder *alle Ehre.* Sogar Adjektive findet man mit dem Verb *machen: etwas macht krank, schlank, verrückt* oder *dick* – oder *jemand macht blau.* (…) Häufig sind diese blassen Verben dann auch austauschbar: *etwas macht Spaß oder Lust, gibt eine Gaudi* und *bringt Freude,* oder *macht Freude,* oder *gibt einen Spaß* usw. Ähnlich dann: etwas *hat* oder *gibt* oder *ergibt keinen Sinn* und jetzt eben auch: *etwas macht keinen Sinn.*

Konstruktionen wie *etwas erinnern* oder *Sinn machen* kommen tatsächlich im konkreten Fall durch den Einfluss der englischen Sprache ins Deutsche, aber unsere Grammatik ist dadurch keinesfalls bedroht. Die typischen Strukturen ändern sich dadurch nicht. Diese Wortverbindungen nutzen lediglich Muster, die es schon immer gibt. Eines scheint (mir) sicher: Wäre *Sinn machen* nicht so offensichtlich eine Lehnübersetzung aus dem Englischen, Bastian Sick hätte die Konstruktionen: *Freude machen, Lust machen* oder *Spaß machen* nie für ihre Erscheinungsform an den Pranger gestellt (…)

> **Aufgabe**

1. Erläutern Sie die Kritik des Sprachwissenschaftlers an Sicks Behauptung „ ‚Sinn' und ‚machen' passen einfach nicht zusammen".

> **Tipps zur Weiterarbeit**

1. Jan Georg Schneider. Was ist ein sprachlicher Fehler? Anmerkungen zu populärer Sprachkritik am Beispiel der Kolumnensammlung von Bastian Sick. In: Aptum. Zeitschrift für Sprachkritik und Sprachkultur, 2/2005, S. 154 ff. (*http://www.isk.rwth-aachen.de/uploads/media/Sprachkritik.pdf*)

Sprach- und Stilkritik an Tendenzen der deutschen Gegenwartssprache

5 Anglizismen –
Bedrohung oder Bereicherung durch Fremdwörter?

Text

Roland Schmitt: Mein Computer & Ich: Mit Klapprechner auf die Heimseite

Als ich kürzlich mit meinem Klapprechner auf unserem Dreisitzer im Wohnzimmer arbeiten wollte, merkte ich sofort, dass er sich auf Standstrom geschaltet hatte. Da half es auch nicht, den Blinker auf dem Sichtfeld in Bewegung zu setzen. Um über meine Pauschale auf meine Heimseite zu gelangen, musste ich den Klapprechner wieder einschalten. Beim Blick auf meinen neuesten Infobrief fiel mir sofort der E-Müll ins Auge, der mein Postfach verstopfte. Wenig später schrieb ich eine E-Post an einen Freund, mit dem ich gestern netzgeplaudert hatte.

Na, alles klar? Bitte entschuldigen Sie das Geholper! Aber wenn es nach der Stiftung Deutsche Sprache in Dortmund ginge, müsste ich meine Computer-Kolumne künftig mit derlei Vokabeln garnieren. Möchten Sie wissen, wie sich der erste Absatz flüssiger liest, setzen Sie einfach folgende Fremdwörter ein: Laptop, Couch, Stand-by, Cursor, Display, Flatrate, Homepage, Newsletter, Spam, E-Mail und chatten.

Keine Frage, ich bin auch kein Fan, äh Anhänger, ausschweifender Anglizismen. Wenn ich ein Date canceln will, sage ich den Termin lieber ab. Aber ich werde doch zu der schönen Nase meiner Frau nicht Gesichtserker sagen, nur weil das Wort Nase ursprünglich aus dem Lateinischen stammt.

Aufgabe

1. Setzen Sie die Fremdwörter in den Text ein, und überprüfen Sie, ob und in welchen Fällen auf ein Fremdwort verzichtet werden kann.
In welchem Fall ist ein Fremdwort als Fachbegriff präziser und kürzer als die deutsche Formulierung?

2. Klären Sie, ob es sich bei den Fremdwörtern um Anglizismen oder um Internationalismen handelt.
Ein Internationalismus ist ein Lehnwort, das in mehreren Sprachen mit gleicher oder sehr ähnlicher Bedeutung Verwendung findet, z. B. Akademie, Bar, Bus, Direktor, Hotel, Internet, Maschine, Motor, Operation, Polizei, Signal, Sport, Taxi, Test, Visum.

3. Lesen Sie die beiden Textvarianten laut vor. Welche Variante überzeugt Ihr Sprachgefühl?
Welche Bedeutung kommt hier den Fremdwörtern (Anglizismen) zu?

4. „Wichtig für die Wahl eines Wortes ist immer seine Leistung, nicht seine Herkunft." Nehmen Sie Stellung zu der Aussage.

Tipp zur Weiterarbeit

1. Der Verein für deutsche Sprache (VDS) hat auf seiner Startseite *(http://www.vds-ev.de/anglizismenindex/suche2. php?str=public+viewing)* einen Anglizismenindex erstellt, der Anglizismen in drei Kategorien (ergänzend, differenzierend und verdrängend) einteilt. Schlagen Sie z. B. die Begriffe „Musical", „Comedy" und „Public Viewing" nach.

2. Rufen Sie das Wortarchiv der Aktion „Lebendiges Deutsch" (mit Eindeutschungsvorschlägen) auf, und schlagen Sie folgende Wörter nach: Airbag – chatten – Event – Homepage – Jackpot – Laptop – Public Viewing – Spam – Website. *(http://www.aktionlebendigesdeutsch.de/wortarchiv.php)*

3. Schauen Sie auch in den „Wörter-Giftschrank" im Haus der deutschen Sprache. *(http://www.hausderdeutschensprache.eu/)*

5 Anglizismen – Bedrohung oder Bereicherung durch Fremdwörter?

Text

Dieter E. Zimmer: Globalesisch

„Die Welt wird immer globaler", orakelte ein Intelligenzblatt neulich. Auch sprachlich, kann man nur hinzusetzen. Durchaus global breitet sich ein pidginartiges Kauderwelsch aus Wortfragmenten internationaler Provenienz heraus. Oft sind sie englischer Herkunft, oft gräkolateinischer, manchmal lässt sich ihnen ihre Herkunft nicht mehr ansehen. Es ist ein eigenes Rumpfvokabular, bestehend aus nur einer Handvoll Stummelwörter, zwei Hundertschaften etwa,
5 oder sagen wir: vier Hundertschaften, denn bei systematischer Suche ließen sich möglicherweise doppelt so viele finden, aber nicht beliebig viele: *absolut, aktiv, anti, audio, auto, basis, bio, boom, boss, box, business, call, care, cash, casting, center, chance, check, chip, city, classic, clean, clip, club, cluster, code, collect, color, com, compact, concept, contra, cool, crash, cyber, data, deko, demo, depot, design, desk, dialog, digi(tal), direkt, display, doku, download, drive, duo, euro, ex, exit, exklusiv, expo, express, extra, fast, feature, fit, flat, flex, food, force, fuck,*
10 *fun, gastro, giga, global, guide, hit, horror, hotline, hybrid, hyper, info, infra, inklusiv, instant, inter, invest, job, junior, kid, king, kit, klick, kombi, label, in, live, logo, lounge, mail, matic, max(i), media, mega, menu, metro, mini, minus, mix, mobil, monster, multi, net, office, okay, öko, on, online, pack, park, partner, party, pay, pic, pix, player, plus, point, polit, poly, pop, post, power, premium, pro, problem, product, profi, pseudo, psycho, queen, quick, rapid, rate, ray, real, relax, report, saga, sat, select, semi, senior, senso, service, set, sex, shock, shoot, shop,*
15 *show, sign, smart, snack, soft, song, sound, speed, spezial, spot, star, start, station, stop, story, street, super, surf, system, team, tech, techno, teen(ie), tele, terror, test, text, thermo, ticket, tipp, top, total, tour, track, trans, transfer, transit, trend, turbo, tv, ultra, uni, upgrade, user, via, video, vita, ware, web, world, zoom …*

Diese Wortstummel sind meist unflektierbar und lassen sich fast beliebig miteinander kombinieren, auch zu längeren Ketten. Niemanden würde ein *Super Sex Gastro Premium Service* verwundern. Vielfach können sie nicht einmal einer bestimmten Wortklasse zugeordnet werden – man erkennt oft nicht, ob man ein Substantiv, Adjektiv,
20 Adverb, eine Präposition oder ein bloßes Affix vor sich hat oder mal dies und mal das. Eines sind die allermeisten jedenfalls nicht: Verben. Die fehlen dem globalesischen Wortschatz bisher weitgehend. Wo ausnahmsweise ein Verb in diesen Modestrudel gerät, müsste es beim Gebrauch als Verb auf der Stelle flektiert werden, zumindest den deutschen Infinitiv zulassen: Zu *shoot* müsste *shooten* entstehen, und damit verlöre das Wort das Hauptcharakteristikum des Globalesischen: die universale Einsatzbarkeit. Ohne Verben aber keine vollständigen Sätze und mithin
25 keine Satzgrammatik. Zu einer eigenständigen internationalen Behelfssprache fehlt dem Globalesischen derzeit immer noch eine Grammatik. Man kann damit nur benennen, aber keine Aussagen treffen.

Sonst sprächen wir längst alle so.

Die meisten dieser Wortstummel, wie gesagt, sind englischer Provenienz, aber nicht alle; und viele der aus ihnen spontan gebildeten Zusammensetzungen wirken auf englische Muttersprachler nicht weniger neu und zunächst
30 fremd als auf ihre Anwender irgendwo sonst auf der Welt. Darum ist es zweckmäßig, Globalesisch und Denglisch, Globalisierung und Anglisierung des Deutschen zu unterscheiden. Es ist der Tag vorstellbar, an dem die Anglisierung langsamer wird und die Globalisierung sich beschleunigt, aber mit anderen Zulieferanten.

Zur Zeit jedenfalls – seit gut drei Jahrzehnten – verstärken sich beide Prozesse gleichzeitig und bewirken im Lexikon und in der Idiomatik den stärksten und schnellsten Sprachwandel, der je im Deutschen stattgefunden hat. Ein
35 gewaltiger Traditionsbruch steht uns somit ins Haus. Oder was heißt „steht ins Haus": Wir befinden uns längst mittendrin. In einigen Jahrzehnten wird die Sprache der deutschen Literatur bis zum Ende des zwanzigsten Jahrhunderts für den Normalbürger genauso schwer verständlich sein wie für uns das Mittelhochdeutsche. Wie auch nicht? Die Sprache kann sich nicht weniger verändern als das Leben.

Aufgabe

1. Definieren Sie Dieter E. Zimmers Begriff „Globalesisch". Inwiefern handelt es sich dabei um eine internationale Behelfssprache? Unterscheiden Sie dabei auch zwischen Fremdwörtern, Internationalismen und Anglizismen.

2. Erläutern Sie, warum es Dieter E. Zimmer zweckmäßig erscheint, Globalesisch und Denglisch, Globalisierung und Anglisierung des Deutschen zu unterscheiden.

3. Erläutern Sie die folgende Hypothese Dieter E. Zimmers: „Es ist der Tag vorstellbar, an dem die Anglisierung langsamer wird und die Globalisierung sich beschleunigt, aber mit anderen Zulieferanten." (Z. 31/32)

Lektüretipp

1. Dieter E. Zimmer: Die Wortlupe. Beobachtungen am Deutsch der Gegenwart, Hamburg 2006, S. 48 ff. und S. 64 ff.

2. Dieter E. Zimmer: Mc Deutsch. In: Ders.: Sprache in Zeiten ihrer Unverbesserlichkeit, Hamburg 2005, S. 105–162

6   Was ist gutes Deutsch? – Ein Essay von Dieter E. Zimmer

Text

Winfried V. Davis: Die Geschichte vom „schlechten" Deutsch

Die meisten zeitgenössischen SprachwissenschaftlerInnen sind VerfechterInnen der Differenztheorie, die besagt, dass alle Varietäten, solange nicht das Gegenteil bewiesen ist, in ihren Ausdrucksmöglichkeiten und in ihrer logischen Analysekapazität einander funktional äquivalent sind. Barbara Sandig zog aus dieser Theorie folgenden Schluss:

Den richtigen Sprachgebrauch gibt es nicht. Es gibt nur verschiedene Arten von Sprachgebrauch, die als funktio-
5 nale Stile in bestimmten Kommunikationssituationen kommunikativ angemessen sind und/oder aufgrund sozialer Normen erwartet werden. (Sandig 1973, 53)

Dieser Ansatz hat aber wenig gemeinsam mit der tatsächlichen Praxis vieler „gewöhnlicher" SprecherInnen. Diese tendieren doch dazu, Varianten und Varietäten zu bewerten und sie als „schlecht"/„falsch" oder „gut" und „richtig" zu etikettieren. Dieses Hierarchisieren von Varietäten und Varianten scheint in jeder Sprachgemeinschaft
10 vorzukommen. (…)

Seitdem es eine kodifizierte (schriftsprachliche) Standardvarietät gibt, sind die Varianten, die als gut bzw. richtig betrachtet werden, meistens auch diejenigen, die als standardsprachlich angesehen werden.

Auch wenn sich SprecherInnen dessen selten bewusst sind, ist eine Standardvarietät immer ein künstliches Gebilde, das die Spuren vieler Interventionen seitens Lexikographen und Grammatiker zeigt. Sie intervenieren hauptsäch-
15 lich, um Variation zu beseitigen und eine einzige Alternative als „richtig" bzw. standardsprachlich zu privilegieren. Gelehrte aber intervenieren nicht nur, um die linguistische Form der Varietät zu beeinflussen, sondern auch, um deren Akzeptanzgrad zu erhöhen und deren Status als Leitvarietät in der Sprachgemeinschaft aufrechtzuerhalten. (…) Diese Phase (des Standardisierungsprozesses – der Verf.) hört eigentlich nie auf, da es immer Spannung geben wird zwischen der jeder natürlichen Sprache innewohnenden Variabilität und der Standardisierungsideologie, die
20 die Einheitlichkeit als höchstes Gut aufstellt. Die Vertreter dieser Ideologie müssen die Vorteile einer einheitlichen Standardvarietät ständig hervorheben. Variation ist zunehmend als Problem statt als Ressource dargestellt worden. (…)

Um eine Varietät aufzuwerten, werden oft andere Varietäten und Varianten abgewertet, d. h. die Gestaltung der Standardvarietät geht mit der Schaffung von „schlechtem" Deutsch einher. Die Intoleranz entstammt zum Teil der
25 Auffassung, eine moderne leistungsfähige Gesellschaft brauche eine einheitliche, überregionale Sprachform. Es stellt sich aber die Frage, ob eine elastischere Norm in der Tat der überregionalen Verständigung so viel schaden würde. Dazu kommt das Problem, dass gesprochene Sprache nicht mit denselben Maßstäben gemessen werden sollte wie Schriftsprache. (…)

Seit dem 17. Jh. und besonders ab dem 19. Jh. sind zahlreiche Sprachratgeber erschienen. Wer hat solche Werke
30 geschrieben? Das Selbstverständnis von SprachwissenschaftlerInnen hat sich im Laufe der Jahre geändert – im 17. und 18. Jh. machten Experten keinen Hehl daraus, dass sie das bestmögliche Deutsch schaffen wollten, und sie verwendeten wertende Attribute wie „gut", „schlecht", „schön" und „hässlich". Im 19. Jh. aber fing die Sprachwissenschaft mit der Wende zur historischen Sprachwissenschaft an, sich von solchen Urteilen zu distanzieren. Da aber viele SprecherInnen noch wissen wollten, was richtig oder falsch sei, haben andere den Bedarf zu
35 decken versucht, oft Lehrer.

Präskriptive Werke mit einer praktischen Ausrichtung sind heute noch gefragt und werden immer noch zum großen Teil von LaienlinguistInnen geschrieben, d. h. von AutorInnen, die, auch wenn sie Germanistik oder Sprachwissenschaft studiert haben, trotzdem keine professionellen SprachwissenschaftlerInnen sind und auf die von diesen ange-
strebte Objektivität verzichten. (…)

40 Ein Sonderfall bildet die „Duden-Grammatik", die zwar von Sprachwissenschaftlern geschrieben wird, aber trotzdem nicht auf „eine gewisse normative Geltung" verzichten will.

Aufgabe

1. Stellen Sie die Differenztheorie und die Standardisierungsideologie gegenüber. Welche Konsequenzen haben diese Vorstellungen jeweils für die Bewertung des Sprachgebrauchs und die Sprachnormen?

2. Überprüfen Sie anhand der Sprachglossen von Bastian Sick, welcher dieser beiden Richtungen seine sprachpflegerischen Bemühungen zuzurechnen sind.

3. „Schwerwiegende und gehäufte Verstöße gegen die sprachliche Richtigkeit in der deutschen Sprache (…) führen zu einem Abzug von einem oder zwei Punkten …" (Ergänzende Bestimmungen zur Verordnung über die gymnasiale Oberstufe, S. 52 f.)
Klären Sie, an welcher Sprachnormautorität die Frage nach der „sprachlichen Richtigkeit" gemessen wird.

Text

Dieter E. Zimmer: Alles eine Sache des Geschmacks?
Von wegen!

Die deutsche Sprache, und nicht nur sie, macht zurzeit den größten und schnellsten Veränderungsschub ihrer Geschichte durch. In noch einmal fünfunddreißig Jahren wird das Deutsch vor 1970, als dieser Schub einsetzte, genauso fern und fremd wirken, wie den Heutigen das der Lutherzeit erscheint. Die offensichtlichste Veränderung ist der Einstrom von Internationalismen, meist Anglizismen, und logischerweise ist er es, der den Bürger am meisten irritiert, im Positiven wie im Negativen. Er bildet den Hauptgegenstand öffentlicher Sprachkritik, sei es beim Latte macchiato oder in den Medien.

Was ist davon zu halten? Die Wissenschaft, die es wissen sollte, hält sich bedeckt. Die akademische Linguistik scheint schon die Vorstellung, ein Sprachgebrauch könnte besser sein als der andere, albern zu finden. Nahezu unisono schweigen die Sprachforscher oder wiegeln ab: Alles schon einmal da gewesen, alles halb so schlimm, und wenn schon! Es kommt, wie es kommt, und das ist gut so, die Sprache reguliert sich selbst und braucht keine Belehrungen.

Aber der Einzelne sieht sich auf Schritt und Tritt mit sprachlichen Äußerungen konfrontiert, die in kein gelerntes Schema richtigen Sprachgebrauchs passen wollen. Er ist verunsichert. Sagt man heute wirklich: „Bei dem Geldinstitut werden Money Girokonten problemlos administriert?" Oder: „Die Software personalisiert den intelligenten Agenten mit einem Gesicht?" Muss man es gar so sagen? Kann man es nur so sagen? Ist es gut gesagt? Wäre es nicht besser, es so zu sagen, dass auch weniger gutwillige Leser es auf Anhieb verstehen?

Die Wissenschaft besteht auf Objektivität, und da es keine objektiven absoluten Kriterien für gutes und schlechtes Deutsch geben kann, übt sie sich in Enthaltsamkeit. Solange er für sich selbst schreibt, kann auch der Laie „gutes Deutsch" gern für eine subjektive Chimäre halten.

Aber wenn er sich austauschen, erst recht wenn er sich an ein Publikum wenden will, in dem allem Anschein nach eine Vorstellung von gutem Deutsch lebendig ist, hat die Unbesorgtheit ein Ende.

Wenn es keine absoluten Kriterien gibt, so gäbe es doch immerhin plausible, rational begründbare. Doch niemand verrät einem heute, was gutes Deutsch wäre. Schon die Frage wirkt irgendwie suspekt. Gut kann man einen Sprachgebrauch nur finden, wenn man einen anderen schlecht findet. Jemandem schlechtes Deutsch vorzuwerfen ist das aber nicht geradezu überheblich und eine Diskriminierung?

Nun fiele es mir gar nicht schwer, eine Reihe von ganz und gar nicht originellen positiven Regeln für „gutes Deutsch" zusammenzustellen, etwa: Geh sparsam mit Wörtern um, die vielen deiner Hörer und Leser nicht bekannt sein werden. Weiche nur dann von der Schulrechtschreibung ab, wenn du weißt, was sie verlangt. Sei deutlich. Verklausuliere deine Gedanken nicht mehr als unbedingt nötig. Lass deine Sätze weder zu kurz noch zu lang geraten. Am besten ist ein Wechsel von mäßig langen und mäßig kurzen Sätzen. Vermeide Nominalstil. Vermeide unbeabsichtigte Wortwiederholungen. Vermeide Genitivketten. Habe ein Ohr für den wörtlichen Sinn deiner übertragenen Begriffe.

Solche Regeln mögen plausibel sein, beweisen lässt sich ihre Gültigkeit nicht, da haben die Linguisten recht. Meinem Nachbarn gefallen vielleicht gerade Sätze wie: „Der Exzellenzcluster untersucht die Auswirkungen der Einbettung der Akteure in netzwerkartige relationale Strukturen auf Prozesse sozialer Exklusion." Dem, der solche Formulierungen gut findet, könnte ich nur entgegenhalten: Ich aber nicht. Also muss ich wohl allgemeiner ansetzen. (...)

Gutes Deutsch ist zunächst richtiges Deutsch. Auf den ersten Blick ist damit nur ein Subjektivismus durch den anderen ersetzt, denn absolute objektive Maßstäbe für die Richtigkeit eines Sprachgebrauchs gibt es nicht. Richtig ist, was jemand für richtig hält. Aber nicht jeder hält etwas anderes für richtig. Die Regeln der Sprache beruhen auf keinem himmlischen oder irdischen Dekret, aber auf einem generationenübergreifenden Konsens der Allgemeinheit. Grammatiken und Wörterbücher sind nicht das Diktat autoritärer Schulmeister. Sie sind schon lange nicht mehr präskriptiv, sie sind deskriptiv. Sie wurden sozusagen dem Sprachvolk abgelauscht.

Das Kind lernt sprechen, indem es analysiert, was es an Sprachäußerungen zu hören bekommt, Hypothesen daraus ableitet, sie anhand weiterer Äußerungen überprüft und bei der eigenen Sprachproduktion testet und immer weiter ausdifferenziert. Ohne es zu merken, lernt es ein immenses Regelwerk, das fortan seine Referenzebene bildet. Was dagegen verstößt, kommt ihm falsch vor. Eine Sprache lässt sich nur dort tradieren, wo ein allgemeiner Konsens über die Inhalte dieses weithin unbewussten Regelwerks besteht. Die Freiheit, von ihm abzuweichen, hat erst, wer es sich angeeignet hat.

Als zweites Kennzeichen von gutem Deutsch ist zu nennen: seine Angemessenheit. Angemessenes Deutsch ist relativ. Was in der einen Situation angemessen ist, ist in der anderen unangemessen. Im türkischen Gemüseladen redet man natürlich nicht wie in der Anwaltskanzlei. Der Begriff der Angemessenheit ist aber nicht so leer, wie er auf den ersten Blick aussieht. Er entzieht das „gute Deutsch" dem vagen Bereich sprachästhetischer Vorurteile und privaten Dafürhaltens. Zwar gibt es auch hier keinen absoluten objektiven Maßstab. Aber es ist auch keine bloße Geschmackssache. Es lässt sich rational und plausibel begründen.

Die wichtigste Voraussetzung für angemessenes Deutsch und gleichzeitig sein wichtigstes Merkmal ist, was ich kurzerhand „Sprachbewusstsein" nennen möchte. Ich meine damit etwas anderes als das berühmte subjektive „Sprachgefühl", nämlich die kontrollierte Verwendung von Sprache, die Einschaltung einer bewussten Prüfinstanz zwischen Denken und Sprechen. Diese Instanz weiß, dass sich jeder Gedanke auf vielerlei Art ausdrücken lässt, sie ist sich der Sprache als Werkzeug bewusst. Ohne Sprachbewusstsein kann niemand sein Deutsch den verschiedenen Sprechsituationen anpassen. Man muss dazu das richtige, das treffendste Wort kennen und in der richtigen Millisekunde in den entstehenden Satz einfügen können, die wörtlichen von den übertragenen Bedeutungen der Wörter unterscheiden, sich der historischen und sozialen Dimensionen der Ausdrücke und der Satzmuster bewusst sein, viele Tonfälle beherrschen, die Gebrauchsspuren an Begriffen und den Wörtern dafür erkennen und berücksichtigen und auf dieser ganzen Klaviatur so souverän spielen, wie es einem gegeben ist.

Wenn aber allein Richtigkeit und Angemessenheit die Kennzeichen von gutem Deutsch wären, so wäre das Deutsch von *Bild* genauso gut wie das der *Süddeutschen*. Man braucht ein drittes Merkmal, und es liegt auf der Hand: Der „Code" von *Bild* ist „restringierter" als der der *Süddeutschen*. Die Sätze der Boulevardpresse sind kürzer und einfacher gebaut, ihre Begriffe sind schlichter, die Wörter dafür die geläufigeren, sie greift öfter zu den gängigsten Formeln, lässt dem individualisierten Ausdruck weniger Raum. Wenn das richtige und angemessene Boulevarddeutsch gut ist, dann ist das „elaborierte" Mediendeutsch besser und das Deutsch seriöser Belletristik noch besser.

Auch die Elaboriertheit ist ein relatives Kriterium, denn der Sprachgebrauch ist unbegrenzt elaborierbar, und zu viel Elaborierung wäre den meisten Situationen unangemessen. Aber es setzt einen Preis auf den individuelleren, nuancierteren Ausdruck.

Wer Sprachbewusstsein besitzt, weiß, dass die Umschreibung mit „würde" nicht die einzige Art ist, den Konjunktiv auszudrücken. Er weiß, wann der Genitiv und wann dessen Umschreibung mit von angemessen ist. Er weiß, dass nach den Konjunktionen „weil" und „obwohl" die Nebensatzstellung bis vor etwa dreißig Jahren in der Schriftsprache die einzige richtige war, dass sich aber seitdem, zunächst mündlich, dann aber auch schriftlich, die Hauptsatzstellung ausbreitet, und er wird diese durchaus selbst gebrauchen, wenn er seinem Satz die Markierung „wie man neuerdings sagt" geben will – er spricht dann zwar eigentlich falsches, aber gutes Deutsch. (...)

Wenn heute so viel katastrophal schlechtes Deutsch im Umlauf ist, hat das Gründe. Gutes

Deutsch ergibt sich nicht von allein. Es ist das Ergebnis einer sehr früh einsetzenden direkten und indirekten Spracherziehung. Wo Eltern und Lehrer keinen Wert darauf legen oder gar nicht wissen, was das ist, muss man sich hinterher nicht wundern.

Auch die Sprachkritik der Laien hat ihren Sinn. Es gibt sie nicht, weil da Beckmesser ihre privaten Steckenpferde reiten, sondern weil ein öffentliches Bedürfnis danach besteht, und zwar genau nach den naiven Fragen und Antworten, mit denen sich die Linguistik nicht befassen will. Sie täte gut daran, sich nicht darüber zu mokieren, sondern die öffentliche und wertende Diskussion des Sprachgebrauchs als ein Symptom der viel beschworenen Selbstregulierung zu akzeptieren.

Aufgabe

1. Welche Kritik formuliert Dieter E. Zimmer am Gegenwartsdeutsch? Welche Kriterien entwickelt er für „gutes Deutsch"? Welche Haltung nimmt er gegenüber der akademischen Sprachwissenschaft und der Laien-Sprachkritik ein?

Tipp zur Weiterarbeit

1. Im Online-Bereich von Klett finden Sie weitere Texte zur Vertiefung des Themas.

Online Link
· Zusatztexte
Anglizismen
347493-0004

Kompetenzen

Was Sie wissen müssen:

- Sprachwandel, Sprachpflege, institutionalisierte Sprachpflege, Sprachkritik, Stilkritik
- sprachwissenschaftliche Positionen: Theorie vom Sprachverfall, Trampelpfad-Theorie
- Lehnwörter, Fremdwörter, Anglizismen, Internationalismen
- Differenztheorie vs. Standardisierungsideologie

Was Sie können müssen:

- Sie können Phänomene (z. B. Anglisierung) der deutschen Gegenwartssprache in den historischen Kontext des Wandels der deutschen Sprache einordnen und unter Bezugnahme auf Sprachwandeltheorien erläutern.
- Sie kennen zentrale Kritikpunkte und Positionen der publizistischen und öffentlichen Sprach- und Stilkritik an Tendenzen der deutschen Gegenwartssprache und können damit argumentativ umgehen. Weiterhin kennen Sie historische und aktuelle sprachpflegerische Bemühungen und deren Ergebnisse.
- Sie kennen wesentliche Positionen und Argumente der Sprachwissenschaft im Hinblick auf den sich vollziehenden Sprachwandel und können sich aus dieser Perspektive mit den Positionen der publizistischen und öffentlichen Sprachkritik argumentativ auseinandersetzen.
- Sie kennen insbesondere die Bedeutung und Funktion von Fremdwörtern für die deutsche Sprache und verfügen über Kriterien zu einer angemessenen und stilgerechten Verwendung von Fremdwörtern.
- Sie kennen die Vorstellungen der Differenztheorie und die Standardisierungsideologie und deren Konsequenzen im Hinblick auf die Entwicklung der deutschen Standardsprache und können daraus ableitbar die Problematik sprachlicher Normsetzungen nachvollziehen. Weiterhin verfügen Sie über Kriterien für gutes Deutsch und können diese in Ihrem mündlichen und schriftlichen Sprachgebrauch erfolgreich anwenden.
- Sie können die Fragestellung „Sprachkultur oder Sprachverfall?" im Hinblick auf die Tendenzen der deutschen Gegenwartssprache angemessen und hinreichend fachkundig schriftlich erörtern.

Geschriebene Standardsprache und geschriebene Umgangssprache in den neuen Medien

Problemhorizont

Medienkommunikation im Kontinuum zwischen Mündlichkeit und Schriftlichkeit

Die Entwicklungen und Veränderungen im Bereich der mediengestützten Kommunikation waren in den letzten Jahrzehnten von einer unvergleichbaren Dynamik und Rasanz geprägt.

Seit den 1990er Jahren wird der klassische Brief immer mehr durch die E-Mail verdrängt. Bei einer E-Mail handelt es sich nicht nur um eine spezifische Textsorte, sondern zunächst um eine Kommunikationsform. Die Wahl der Sprache hängt dabei nicht nur von dem Medium selbst, sondern vor allem auch von der Kommunikationssituation und dem Teilnehmerkreis ab.

Chatten (engl. to chat „plaudern, schwatzen") gehört zu den populären Diensten des Internet. Die Chatrooms sind heute – von der Singlebörse bis zur Telefonseelsorge – überaus facettenreich und nahezu unübersehbar.

Ein weiteres computergestütztes Kommunikationsmedium sind die Weblogs (Wortkreuzung aus *World Wide Web* und *Log* für Logbuch), meist abgekürzt als Blog. Die ersten Weblogs tauchten Mitte der 1990er Jahre auf. Sie wurden Online-Tagebücher genannt und waren Webseiten, auf denen Internetnutzer zunächst periodisch Einträge über ihr eigenes Leben machten.

Neben dem Telefonieren ist das Handy durch den technischen Dienst „Short Message Service" (SMS) auch zu einem Medium schriftlicher Kommunikation – gleichsam vom „Hörfon" zum „Sehfon" – geworden.

Durch neue Kommunikationsmedien und Kommunikationsformen werden wir Zeitzeugen eines tiefgreifenden Wandels der Kommunikationsmöglichkeiten und -praktiken, und damit auch der Sprachverwendung:

– Wie beeinflussen neue Kommunikationsformen wie Chat, E-Mail oder SMS unseren Sprachgebrauch? *vereinfachen (Ellipsen u. sw.)*
– Gibt es eine eigene sprachliche Varietät, eine E-Mail-Sprache, eine Netz-Sprache, eine neue Ökonomie des Schreibens, eine neue, sekundäre, elektronische Schriftlichkeit? *ja*
– Gibt es neue Sprachgebrauchsformen oder liegt lediglich eine veränderte Einstellung zu den Sprachgebrauchsnormen vor? *nein*
– Gibt es sie überhaupt: *Die* Sprache der neuen Medien?? *nein*
– Verändern E-Mails, Chat und SMS die deutsche Sprache? Sind Wörter wie *grins* oder Zeichen wie :-) Ausdruck eines um sich greifenden Sprachverfalls? *nein*

Je nachdem, ob das Aufkommen dieser neuen Sprache mit Wohlwollen oder Argwohn bedacht wird, stößt man auf Bezeichnungen wie „Websprache", „computervermittelte Kommunikation", „Netzsprache" oder „Internet-Kauderwelsch".

Vor dem Hintergrund tiefgehender gesellschaftlicher, kultureller und medialer Entwicklungen erfährt das Verhältnis von Standardsprache und Umgangssprache, das Verhältnis von Mündlichkeit und Schriftlichkeit gravierende Veränderungen, die noch nicht abgeschlossen sind. Die Dichotomie Mündlichkeit – Schriftlichkeit wandelt sich immer mehr zu einem Kontinuum von Mündlichkeit und Schriftlichkeit. Ein Ausgleich zwischen geschriebener und gesprochener Sprache findet statt. Das führt auf Grund zunehmender Mündlichkeit in schriftlichen Texten zu einer Textsortenverschiebung.

Was geschrieben gesendet wurde, kann gesprochen empfangen werden und umgekehrt. Der Unterschied zwischen medial schriftlicher und medial mündlicher Kommunikation wird nahezu aufgehoben werden.

In diesem Kapitel soll das sich verändernde Verhältnis von Mündlichkeit und Schriftlichkeit im Kontext der neuen digitalen Medien, speziell anhand der E-Mail-, Chat- und der SMS-Kommunikation, untersucht werden.

1 Medienkommunikation im Kontinuum von Mündlichkeit und Schriftlichkeit

Beispiele

a) Lieber Christian, es tut mir leid, dass du erst heute von mir hörst.

b) Wie froh bin ich, dass ich weg bin! Bester Freund, was ist das Herz des Menschen! Dich zu verlassen, den ich so liebe, von dem ich unzertrennlich war.

c) Wir freuen uns, Ihnen mitteilen zu können, dass …

d) Wusste gar nicht das man schriftlich labern kann.

e) Leider finde ich das Verb „unterkringeln" nicht im Duden.
Das wundert mich nicht, denn es ist unsinnig. Volkssprech.
Dann ist es wohl ein Fehler, es in einem Deutsch-Aufsatz zu verwenden, nehme ich an.

f) Hallo! Halli, hallo! Na, biste fit? Haste Hunger? Wir kommn gleich. Ach cool!

g) Hi schatzi! Sorry, das ich mich nich eher bei dir gemeldet habe, aber gikng echt nicht! Streß und bla! Kannst du mich morgen anrufen! Vermiss dich! h d g d l

h) entschuldigen Sie alle, ich kann hier nicht mitmachen, weil, ich habe ein Tatort mir angeguckt wie das da gezeigt wurde, wovon Sie grade sprechen.

i) Sehr geehrte Frau Meier, ja das Thema würde mich sehr interessieren; bitte sagen Sie doch Frau Müller, sie möge mir Ihre Arbeit nach Hannover schicken.

j) Wir hassen teuer.

Aufgabe

1. Geschriebene Standardsprache oder geschriebene Umgangssprache? Bestimmen Sie zunächst die Textsorte der Beispiele.

a) = Privatbrief im Freundeskreis

b) = Ausschnitt aus „Werther"

c) = formeller Brief, Email

d) = Chat

e) = Forum

f) = SMS

g) = E-mail

h) = Schule (schlechtes Niveau)

i) = formelle Email/Brief

j) = Slogan

2. Ordnen Sie dann die einzelnen Texte in das Mündlichkeit-Schriftlichkeits-Schema ein. Welche Texte sind eher konzeptionell mündlich, welche eher konzeptionell schriftlich? Unterscheiden Sie dabei auch nach graphisch – phonisch. Tragen Sie dazu den entsprechenden Buchstaben entweder über oder unterhalb der durchgezogenen Linie ein.

graphisch
geschrieben

a

Mündlichkeitspol ——————————————————————— Schriftlichkeitspol

phonisch
gesprochen

Geschriebene Standardsprache und geschriebene Umgangssprache in den neuen Medien

Text

Ulrich Schmitz: Mündlichkeit und Schriftlichkeit

Gesprochene Sprache unterscheidet sich stark von geschriebener, spontane von geplanter. Je spontaner mündlich gesprochen wird, desto mehr muss und kann sich Sinnzusammenhang schnell und ad hoc aus einer konkreten Situation heraus dialogisch entwickeln, desto vergleichsweise weniger wird also sprachlich ausformuliert. Spontan gesprochene Sprache zeichnet sich aus durch hohes Tempo, prozesshafte Dynamik, situations- und adressaten-
5 bezogene Flexibilität, Flüchtigkeit, asyndetische Reihungen, grammatisch unvollständige Äußerungen, verkürzte Sätze (Ellipsen), Satzbrüche, Kongruenzfehler, Verzögerungsphänomene, Selbstkorrekturen, Wortwiederholungen, häufigen Gebrauch von Joker-Wörtern mit sehr weiter Bedeutung, Wortabschleifungen, umgangssprachliche Ausdrücke und Dialektismen, viele Modalpartikeln, Sprechersignale, Einstellungsbekundungen und Referenzen auf die eigene Person.

10 Je mehr Zeit zur Verfügung steht und je überlegter man planen kann, desto gründlicher wird ausformuliert, damit der Text auch situationsunabhängig verstanden werden und Geltung erlangen kann – am stärksten in monologisch geschriebener Sprache, in der alle genannten Merkmale spontan gesprochener Sprache gemieden werden, und zwar zugunsten größtmöglicher Präzision, formaler (orthographischer, typographischer und grammatischer) Korrektheit, ästhetischer Schönheit (also stilistischer Sorgfalt) und sprachimmanent nachvollziehbarer Kohärenz.

15 Koch/Oesterreicher unterscheiden zwischen medialer und konzeptioneller Mündlichkeit bzw. Schriftlichkeit. Mit „medial" meinen sie nicht ein technisches Medium, sondern die Realisationsform der Äußerung (also entweder phonisch hörbar oder graphisch sichtbar) und mit „konzeptionell" die gewählte Ausdrucksweise (abhängig vom Maß an Nähe und Distanz zwischen den Partnern). Danach spricht z. B. ein Hörfunknachrichtensprecher medial mündlich, aber konzeptionell schriftlich.

20 Dürscheid 2003 zeigt, dass diese früher wegweisende Unterscheidung erstens auf einem zu engen Medienbegriff fußt und zweitens einige neue Kommunikationsformen nicht erfasst. Deshalb regt sie drei Modifikationen an.

(a) Wohl seien (schriftliche) Textsorten und (mündliche) Diskursarten einzuordnen, nicht aber Kommunikationsformen.
(b) Weil die Ausdrücke „Sprache der Nähe" und „Sprache der Distanz" fälschlicherweise keine medialen Assoziationen wecken, sollte man für die beiden Enden der Skala sprachlicher Elaboriertheit besser die ursprünglich vorgeschlagenen Bezeichnungen „Mündlichkeitspol" und „Schriftlichkeitspol" beibehalten.
(c) Zusätzlich sollte unterschieden werden zwischen synchroner, quasi-synchroner und asynchroner Kommunikation (mit den Beispielen Telefon-Chat und Instant Messaging-Fax, E-Mail, SMS und Anrufbeantworter).

Auf diese Weise können tatsächlich alle Kommunikationsvorgänge in modernen Medien eindeutig zugeordnet wer-
30 den. Insbesondere braucht konzeptionelle Mündlichkeit in medial schriftlichen Chats nicht (falsch) durch vermeintliche Nähe, sondern kann (richtig) durch Quasi-Synchronie erklärt werden. Gleichzeitig wird auf diese Weise noch deutlicher, wie die bis weit ins 20. Jahrhundert klare Unterscheidung zwischen Mündlichkeit und Schriftlichkeit durch immer fließendere Übergangsformen aufgelöst wird. Auch die strikte Trennung von medialer Mündlichkeit und Schriftlichkeit muss überdacht werden, denn Webseiten machen Gebrauch von mehreren Zeichenträgern zur
35 selben Zeit. (…) Unter dem Einfluss neuer Medien entwickeln sich so zwischen den früher getrennten Bereichen von Mündlichkeit und Schriftlichkeit immer mehr Misch- und Übergangsformen. (…)

Auf diese Weise entstehen gänzlich neue Sprachgebräuche zwischen schriftlicher Statik und mündlicher Dynamik. Chat-Protokolle sind augenfällige Beispiele dafür. Dürscheid erwartet, dass elektronisches Schreiben das gesamte Kontinuum von Mündlichkeit und Schriftlichkeit neu strukturieren werde. Sie schlägt deshalb vor, im
40 medial schriftlichen Bereich zwischen elektronisch und nicht elektronisch übermittelten Äußerungsformen zu unterscheiden, die ihrerseits konzeptionell eher mündlich (z. B. Chat bzw. Grußkarte) oder eher schriftlich (z. B. E-Mail bzw. Gesetzestext) sein können. (…)

Je nach technischen Möglichkeiten und kommunikativem Bedarf wandern orale Merkmale also teilweise in Schriftlichkeit und literale Merkmale teilweise in Mündlichkeit ein: Schrift wird ein wenig oralisiert, gesprochene Sprache
45 ein wenig literalisiert.

Aufgabe

1. Erläutern Sie anhand des Textes die Begriffe konzeptionelle Mündlichkeit und konzeptionelle Schriftlichkeit. Gehen Sie dabei auch auf die Kommunikationsbedingungen und Versprachlichungsstrategien ein.

1 Medienkommunikation im Kontinuum von Mündlichkeit und Schriftlichkeit

Text

Christa Dürscheid: Synchrone, quasi-synchrone und asynchrone Kommunikation

Was ist nun das eigentlich Neue an der Internetkommunikation? Ich betrachte im Folgenden nur die schriftbasierte Internetkommunikation, klammere also Video- und Telefonkonferenzen aus. Zwei Punkte möchte ich hier nennen:

1. Noch nie war es dem Schreiber möglich, schriftliche Mitteilungen in Sekundenschnelle, ja quasi in Echtzeit zu übermitteln. (…)

5 Ein Novum der computervermittelten Kommunikation ist also, dass ein und dasselbe Medium sowohl der Produktion, der Distribution als auch der Rezeption des Textes dient. Die Vermutung liegt natürlich nahe, dass dieser Umstand einen großen Einfluss auf die Präsentation der Texte hat. Ob und wie sich das Medium auf den Schreib- und Leseprozess auswirkt, ist allerdings noch weitgehend ungeklärt.

2. Erstmals in der Geschichte der schriftbasierten Kommunikationsmedien ist es möglich, Produktion und Rezep-
10 tion der Äußerung unmittelbar aneinander zu koppeln. Dies gilt nicht für die E-Mail, aber für den Chat. Wer eingeloggt ist, kann unmittelbar auf die Nachricht antworten; er kann den anderen zwar nicht unterbrechen, kann aber direkt (re-)agieren und muss nicht erst eine Verbindung herstellen. Insofern klassifiziere ich den Chat als Diskurs, schließe mich also der Argumentation von Angelika Storrer (2001) an, die Chats als getippte Gespräche und nicht etwa als dialogische Texte auffasst.

15 Es gilt: Liegt der Äußerung eine wechselseitige Kommunikation zugrunde, handelt es sich um einen Diskurs, wenn nicht, um einen Text – und zwar unabhängig davon, ob gesprochen oder geschrieben wird. Dieser Befund ist wichtig für die Einordnung der E-Mail- und Chatkommunikation. Das gemeinsame Bindeglied von E-Mail und Chat ist zwar die Tatsache, dass sowohl die Produktion, die Distribution als auch die Rezeption über dasselbe Medium erfolgt, über den Computer. Diese Gemeinsamkeit darf aber nicht darüber hinwegtäuschen, dass es sich
20 um unterschiedliche kommunikative Praktiken, um Texte bzw. Diskurse, handelt. Pointiert gesagt: Die E-Mail-Korrespondenz ist Gegenstand der Textlinguistik, die Kommunikation im Chat Gegenstand der Gesprächs- bzw. Diskursanalyse.

An dieser Stelle ist allerdings ein Punkt zu bedenken: Die Kommunikation im herkömmlichen Chat ist zwar wechselseitig, sie ist aber im strengen Sinne nicht synchron. Die Beiträge werden nicht während ihres Entstehens,
25 sondern erst nach ihrem Entstehen angezeigt. Dies ist im mündlichen Gespräch anders. Hier hört der Kommunikationspartner Wort für Wort, er kann intervenieren, simultan sprechen und ggfs. reagieren, bevor der andere seine Äußerung zu Ende gebracht hat. Doch auch diese Variante der Kommunikation gibt es mittlerweile im Internet. Im sog. Online-Chat, der in speziellen Programmen (z. B. ICQ) angeboten wird, kann der Adressat sehen, wie der andere schreibt, wie er seine Mitteilungen eintippt. Jeder Korrekturvorgang, jedes Umformulieren, jedes Löschen
30 ist sichtbar. (…)

Der Leser kann im Synchron-Chat die „allmähliche Bedeutungsherstellung" mitverfolgen, er kann die „Spuren der Gedankenbildung" (Schwitalla 1997: 30) sehen. Wenn er es schafft, zu tippen, ohne auf die Tastatur zu sehen, kann er beim Lesen schon mit dem Schreiben beginnen, dem anderen also gewissermaßen ins Wort fallen. Anders als in der mündlichen Kommunikation, wo man in der Regel das Ende eines Gesprächsschritts abwartet, bevor
35 man das Rederecht in Anspruch nimmt, kommt ein solches Parallelschreiben sogar sehr häufig vor. (…)

Abschließend bleibt festzuhalten: Innerhalb der Kommunikationsform Chat ist zu unterscheiden zwischen Schriftgesprächen, die wechselseitig und synchron sind, und solchen, die wechselseitig, aber nicht synchron sind. Beide Formen, Synchron-Chat und Quasisynchron-Chat, sind Diskurse. Für den Quasisynchron-Chat wurde dies bereits gezeigt. Dass der Synchron-Chat ebenfalls als Diskurs einzustufen ist, liegt auf der Hand. Die Äußerungen sind
40 hier nicht nur Teil einer wechselseitigen Kommunikation, mehr noch: Wie in einem mündlichen Gespräch kann der Leser das Entstehen der Äußerung mitverfolgen. Er ist, in Analogie zum Zuhörer, ein „Zuleser". (…)

Aufgabe

1. Was ist das eigentlich Neue an der Internet-Kommunikation? Zeigen Sie, wie sich durch die Veränderung der Kommunikationsmedien die Kommunikationsformen ändern. Welche Zeitverhältnisse ergeben sich dabei jeweils für die Produktion und Rezeption einer Äußerung? *1 Medium für alles*

2. Unterscheiden Sie zwischen Text und Diskurs, und ordnen Sie eine E-Mail-Korrespondenz, einen Online-Chat, einen „herkömmlichen" Chat, eine SMS, einen Geschäftsbrief, ein Fax, ein Telefongespräch, einen Vortrag und eine Nachricht auf dem Anrufbeantworter entsprechend zu.

Geschriebene Standardsprache und geschriebene Umgangssprache in den neuen Medien

2 SMS-Texte – Alarmsignale für die Standardsprache?

Text

2B or not 2B – SMS-Sprachalarm an Schulen

„My smmr hols wr CWOT", beginnt der Aufsatz einer 13-jährigen schottischen Schülerin. Das kryptische Werk im lautmalerischen SMS-Stil sorgt für Wirbel: Lehrer befürchten einen Bildungsverfall und sehen die Fähigkeiten im Lesen und Schreiben in Gefahr

Was eine 13-jährige Schülerin einer staatlichen Schule im Westen Schottlands als Aufsatz ablieferte, verschlug ihrem Lehrer beinah die Sprache: „Ich konnte es gar nicht glauben. Die Seite war voll mit Hieroglyphen, von denen ich viele schlicht nicht übersetzen konnte." Die Schülerin hatte in einer Sprache geschrieben, die sie unschuldig als „leichter als das Standard-Englisch" verteidigte: ein Text im SMS-Stil über ihre Sommerferien, eine Reihung von Abkürzungen, Zahlen und seltsamen Zeichen, die den Lehrer überforderten. Ihr Werk sorgt nun in Großbritannien für Wirbel. Denn Lehrer beobachten seit geraumer Zeit, dass die lautmalerische SMS-Schreibweise die guten sprachlichen Sitten verdirbt. (...)

Die Vereinigung der schottischen Lehrer warnte jetzt vor einem Niedergang der Schriftsprache und sprach sich dafür aus, die SMS-Sprache, die sich „wie ein Lauffeuer" verbreite, rigoros aus dem Unterricht zu verbannen.

Mit Sorge sieht Sprecherin Judith Gillespie einen Trend der letzten Jahre: „Schüler denken in der gesprochenen Sprache und schreiben nach Gehör. Selbst in der Sekundarstufe können schockierend viele zum Beispiel nicht zwischen ‚their' und ‚there' unterscheiden. Dass viele Schulen glauben, man dürfe die Ausdrucksfreiheit von Schülern nicht einschränken, ist ein Problem." Gillespie wehrt sich gegen eine Haltung des „Anything goes" und befürchtet eine „Erosion der Sprache".

Der Verband der Rektoren und Lehrerinnen glaubt zwar, dass die meisten Lehrer ein „hartes Durchgreifen gegen dieses schludrige Schreiben" begrüßen würden. „Aber manche glauben, Schüler zu Aufsätzen in SMS-Sprache zu bewegen, sei immer noch besser als nichts", meint Sprecher Tino Ferri – „wie traurig ist das eigentlich?". Sheila Hughes hält dagegen: Jede Form, in der sich Jugendliche gut ausdrücken könnten, sollte akzeptiert werden, meint die Sprachwissenschaftlerin an der Universität Strathclyde. Die SMS-Sprache sei eben eine neue Form der Sprache: „Selbst wenn Schüler Vokale und Interpunktion weglassen, denken sie darüber nach. Eine Veränderung der Sprache kann niemand verhindern – also sollte man sie nutzen."

Text

Ich weiß nicht, was soll es bedeuten: Der Aufsatz über die Sommerferien im SMS-Stil ...

My smmr hols wr CWOT. B4, we usd 2 go 2 NY 2C my bro, his GF & thr 3 :-@ kds FTF. ILNY, its gr8. Bt my Ps wr so {:-/ BC o 9/11 tht they dcdd 2 stay in SCO & spnd 2wks up N. Up N, WUCIWUG -- 0. I ws vvv brd in MON. 0 bt baas & ^^^^^. AAR8, my Ps wr :-) -- they sd ICBW, & tht they wr ha-p 4 the pc&qt...IDTS!! I wntd 2 go hm ASAP, 2C my M8s again. 2day, I cam bk 2 skool. I feel v O:-) BC I hv dn all my hm wrk. Now its BAU ...

... und die Übersetzung in englische Schriftsprache:

My summer holidays were a complete waste of time. Before, we used to go to New York to see my brother, his girlfriend and their three screaming kids face to face. I love New York, it's a great place. But my parents were so worried because of the terrorism attack on September 11 that they decided we would stay in Scotland and spend two weeks up north. Up north, what you see is what you get – nothing. I was extremely bored in the middle of nowhere. Nothing but sheep and mountains. At any rate, my parents were happy. They said that it could be worse, and that they were happy with the peace and quiet. I don't think so! I wanted to go home as soon as possible, to see my mates again. Today I came back to school. I feel very saintly because I have done all my homework. Now it's business as usual ...

2 SMS-Texte – Alarmsignale für die Standardsprache?

Text

Bastian Sick: Kein Bock auf nen Date?

Stimmt es, dass unsere Schriftsprache unaufhaltsam vor die Hunde geht? Tatsache ist: Nie wurden so viele Fehler gemacht wie heute. Aber die Menschen haben auch noch nie so viel geschrieben. In Wahrheit ist unsere Schreibkultur höchst lebendig – dank E-Mail, Chat und SMS.

Einige Menschen neigen dazu, die modernen Kommunikationstechniken zu verteufeln, weil sie den Niedergang
5 unserer Sprachkultur begünstigen würden. Es lässt sich nicht leugnen, dass es in E-Mails und auf vielen Internetseiten von Rechtschreibungsfehlern und Interpunktionsmängeln nur so wimmelt. Und was gerade junge Menschen in die Tastatur ihrer Handys hacken, zeugt nicht selten von gravierenden Missverständnissen der deutschen Orthografieregeln. (…)

All das ist jedoch kein Grund zu verzagen, beweist es doch nur, wie lebendig das Interesse der Deutschen am Ge
10 brauch ihrer Schrift ist und wie niedrig die Schwellenangst vor dem Schreiben. Das soll nicht heißen, dass manches nicht verbessert werden könnte. Gerade das Vokabular der meisten sogenannten Simser (SMS-Verschicker) und der Chatter ist noch ausbaufähig. Das Gebot der Kürze macht zwar viele Kompromisse erforderlich (und führt bisweilen sogar zu originellen Kreationen), aber ein vollständiger Verzicht auf Grammatik wird weder dem Handy-Besitzer noch dem PC-Benutzer abverlangt. Viele scheitern bereits an der Unterscheidung zwischen „ein", „eine"
15 und „einen". Der männliche und sächliche Artikel „ein" wird in der verkürzten Form der Umgangssprache zu „n", die weibliche Form „eine" wird zu „ne". Die Form „nen" hingegen steht für „einen".

Wenn jemand schreibt: „Muss Post, nen Paket holen", dann vervollständigt das denkende Hirn: „Ich muss noch zur Post, um einen Paket abzuholen" – und versieht das Ganze mit einem dicken Fragezeichen. Auch Messages wie „Hast nen Auto?" oder „Hast du nen Pic?" sind grammatisch unausgereift. Übrigens wäre gerade hier ein
20 Apostroph ausnahmsweise einmal richtig: ’n oder ’nen. Aber beim Chatten geht es ja vor allem um Schnelligkeit, so wie es beim Simsen um das Einsparen von Zeichen geht. Doch nicht alles lässt sich mit Sprachökonomie entschuldigen. Wenn *er* sich fragt, warum *sie* „kein Bock auf nen Date mit nen coolen Typ" hat, könnte es schlicht und einfach daran liegen, dass sie *keinen* Bock auf ’n Date mit ’nem Schwachmaten hat.

Aufgabe

1. Fassen Sie die zentralen Kritikpunkte an der SMS-Kommunikation zusammen.

2. SMS-Texte – Alarmsignale für die Standardsprache? Formulieren Sie Hypothesen zu möglichen Folgen für die Standardsprache und für die Sprachkompetenz der Produzenten von SMS-Texten.

Kreative Aufgabe

1. Was wäre, wenn Goethes Werther ein Handy gehabt hätte? Er hätte seine Erlebnisse wohl kaum nur in Briefen dem Freunde geschildert. Wandeln Sie einen von Werthers Briefen in eine SMS um. Gehen Sie auf *http://www. Die-Leiden-des-jungen-Werther.de/sms* und klicken Sie auf „Start". Dann können Sie einen Brief auswählen und ihn direkt in SMS übersetzen.

Lektüretipp

1. Dieter E. Zimmer: Sprache in Zeiten ihrer Unverbesserlichkeit, Hamburg 2005, S. 59–82 und 83–103

Übersicht

Mündlichkeitsmerkmale der SMS und Sprachökonomie

Mündlichkeitsmerkmale	– Reduktionsformen und Assimilationsformen wie *n'bisschen,: ich sag, sie warn; aufm, fürs)* – Sprechsprachliche Mittel wie Gesprächspartikeln *(hm)*, Interjektionen *(wow!)* – Emoticons (Smileys) oder Wiederholung von Buchstaben bzw. Satzzeichen *(Aaaah!, was?????)*
Sprachökonomie	– Meist konsequente Groß- oder Kleinschreibung – Pronomentilgung, insbesondere Subjektpronomen – Kurzformen sowie Rebusschreibungen *(c u l8er)*

Geschriebene Standardsprache und geschriebene Umgangssprache in den neuen Medien

3   E-Mail-Kommunikation – nur die Fortsetzung der traditionellen Briefkorrespondenz mit anderen Mitteln?

Beispiel 1

```
 . Sehr geehrte Damen und Herren,

 . gern würde ich Ihre Hypertext-Seite des amtlichen Regelwerks zur Neuregelung
 . der Rechtschreibung für die Nutzung in unserem Intranet spiegeln.

 . In unserem Unternehmen haben nicht alle Mitarbeiter Zugriff auf das Internet
 5 (in diesem Fall könnten sie direkt auf Ihre Seite zugreifen). Damit unsere
 . Mitarbeiter dennoch Ihre Seite nutzen können, würde ich sie gern in unserem
 . Intranet wiedergeben, auf das innerhalb des Unternehmens genereller Zugriff
 . besteht.

 . Ich bitte Sie daher hierfür um Ihre Genehmigung.

10 Ich bedanke mich Ihre Rückmeldung im voraus und verbleibe

 . mit freundlichen Grüßen
```

Beispiel 2

```
 . Hallo!

 . Würde gerne nachfragen, ob es möglich ist, die Html-Rechtschreibversion als
 . zip-file (mit Grafiken und Pfaden) zu erhalten, um sie lokal abrufen zu können.

 . Benötige die Daten nur für den persönlichen, nicht kommerziellen Gebrauch …

 5 Danke
```

Aufgabe

1. Beide Texte sind der Textsorte Brief zuzuordnen. Arbeiten Sie formale (z. B. formeller/informeller Charakter) und sprachliche Unterschiede heraus. Markieren Sie dabei eventuelle Merkmale der Mündlichkeit.

2. Stellen Sie begründete Vermutungen über die jeweilige Kommunikationssituation und die Versendungsart an.

3. Schlagen Sie im Rechtschreib-Duden die Gestaltungsvorschriften für die Gestaltung von geschäftlichen E-Mails und von Geschäftsbriefen nach, und ergänzen Sie die Beispiele um die erforderlichen Angaben.

4. Untersuchen Sie eigene private E-Mails im Hinblick auf Merkmale konzeptioneller Mündlichkeit.

5. Variieren Sie Ihre E-Mail-Texte so, dass sie entweder näher am Mündlichkeits- oder Schriftlichkeitspol anzusiedeln sind.

Text

Christa Dürscheid: Merkmale der E-Mail-Kommunikation

Ulrich Schmitz stellt in einem Beitrag mit dem Titel „E-Mails kommen in die Jahre" fest, dass E-Mails zu einem „praktisch universal verwendbaren Mittel allgemeiner Kommunikation herangewachsen" (Schmitz 2002: 33) sind. Dem ist in der Tat so: Über E-Mail werden Bewerbungen, Geschäftsbriefe, Einladungsschreiben, Anfragen an Behörden, Urlaubsgrüße etc. verschickt. Ergänzt werden solche Schreiben häufig durch Dateianhänge (= Attach-
5 ments), die nicht nur umfangreiche Texte, sondern auch multimediale Dateien (z. B. Fotos aus dem Urlaub, Grafiken für die nächste Arbeitsbesprechung) enthalten können. Wie die E-Mail-Forschung zeigt, besteht die Tendenz, solche E-Mail-Schreiben etwas näher am Mündlichkeitspol einzuordnen als herkömmliche Briefe. Allerdings ist es keineswegs so, dass E-Mails generell einen informelleren Charakter haben. Eben weil das Textsortenspektrum so

groß geworden ist, gibt es mittlerweile auch in der E-Mail die ganze stilistische Variationsbreite, wie wir sie aus herkömmlichen Briefen kennen. (...) Betrachten wir an dieser Stelle noch ein zweites Beispiel, in dem die E-Mail ebenfalls als Antwort-E-Mail verschickt wurde.

Sehr geehrte Frau xxx,
ja das Thema würde mich sehr interessieren; bitte sagen Sie doch Frau yyy, sie möge mir Ihre Arbeit nach zzz schicken. (...)

Interessant ist das Beispiel insofern, als der Absender seinen Brief zwar mit einer förmlichen Anrede beginnt, dann aber mit der Partikel *ja* fortfährt, was eher in einem Gespräch zu erwarten wäre. Auch hieran sehen wir: E-Mails haben Brief- und Gesprächscharakter zugleich. Es finden sich Merkmale der herkömmlichen Briefkommunikation (z.B. Begrüßungs- und Verabschiedungsformeln), aber auch Merkmale direkter Interaktion (z.B. Gesprächspartikeln, elliptische Äußerungen).

Aus diesem Zwitterstatus resultieren Sprachgebrauchsformen, die dazu führen, dass in der Forschung gelegentlich gar von einer eigenen sprachlichen Varietät, einer E-Mail-Sprache (vgl. Crystal 2001), die Rede ist. Von anderer Seite wird dagegen betont, dass es in E-Mails keine neuen Sprachgebrauchs*formen* gebe; neu sei lediglich die veränderte Einstellung zu den Sprachgebrauchs*normen* (vgl. Elspaß 2001). In der Tat zeigt sich im Internet eine größere Akzeptanz gegenüber dem, was in orthografischer und stilistischer Hinsicht als angemessen zu gelten hat. So wird denn auch in der oben erwähnten Netikette betont: „Seien Sie tolerant gegenüber Mängeln eines Partners: z.B. bezüglich Rechtschreibung, Grammatik, Ausdruck oder Mail-Gewohnheiten."

Aufgabe

1. Vergleichen Sie den konventionellen Brief mit verschiedenen Stilvarianten der E-Mail.
2. Unterscheiden Sie nach Medium, Kommunikationsform und Textsorte. Ordnen Sie die folgenden Begriffe richtig zu: Vernetzter Computer, Handy, SMS, Computer-Chat, E-Mail, Urlaubs-SMS, Werbe-E-Mail, Geschäfts-E-Mail, Polit-Chat, Glückwunsch-SMS, Beratungs-Chat, Plauder-Chat

Medium	Kommunikationsform	Textsorte

Lektüretipp

1. Hajo Diekmannshenke: E-Mail – der elektronische Brief. In: Hajo Diekmannshenke. *lol* Gutes Deutsch in Neuen Medien? In: Armin Burkhardt (Hrsg.): Was ist gutes Deutsch? Studien und Meinungen zum gepflegten Sprachgebrauch, Duden Thema Deutsch Bd. 8, Mannheim 2007, S. 214 ff.
2. Derselbe: SMS-Untergang der Schriftkultur. Ebenda, S. 224 f.

Übersicht

Merkmale der Kommunikationsform E-Mail

Zeichentyp	graphisch
Kommunikationsrichtung	wechselseitig
Anzahl Kommunikationspartner	variabel, 1:1 oder 1:x
Räumliche Dimension	Distanz
Zeitliche Dimension	asynchron (Datenübertragung ist gleich schnell wie im Chat, aber Produktion und Rezeption sind nicht aneinander gekoppelt.)
Kommunikationsmedium	vernetzter Computer
Weitere textsortenspezifische Merkmale	Elliptische Sätze, konsequente Kleinschreibung, Elisionen, Toleranz von Orthographiefehlern.

Geschriebene Standardsprache und geschriebene Umgangssprache in den neuen Medien

4 Chat-Protokolle – getippte Gespräche?

Text

Aus einem Chat: Brief versus E-Mail

groovy93 — 23.10.2007, 21:14

Seid ihr noch so fleißig und schreibt Briefe oder soll es bei euch schnell gehen???
Ich finde zwar das Briefe persönlicher sind aber ich nehme auch lieber den schnelleren Weg. Wie sieht ihr das???

Fadilu — 23.10.2007, 21:26

Ich selber schreibe E- Mails, da es schneller geht und außerdem noch kostenlos ist. Ich selber muss aber sagen, dass ich mich bei Briefen sehr freue. Bin noch 16 – ich selber bekomme also noch keine Rechnungen, daher hab ich so viel Spaß an Briefen ^^!

Maiky3 — 23.10.2007, 21:28

Kommt drauf an wie es um Zeit, Lust und Laune bestellt ist. Briefe schreiben ist zwar persönlich aber auch sehr aufwendig, deswegen raff ich mich nur bei Geburtstagen z. B. dazu auf. Mails hingegen sind einfacher zu schreiben, sofort beim Empfänger und braucht nicht so ordentlich schreiben wie bei einem Brief ;) Deswegen bin ich eher für mail :)

Megaman88 — 23.10.2007, 22:29

Ich schreib eher Briefe. Die sin halt persönlicher un man zeigt dadurch das man sich für etwas Zeit nimmt.

afroman21 — 24.10.2007, 00:18

Briefe??? Sind das die Dinger in den weißen Umschlägen?:clueless:

NGDestiny — 24.10.2007, 07:23

Ich bevorzuge zwar E-Mails, weil die schneller beim Empfänger sind, aber wenn's was persönliches ist, dann ist ein handgeschriebener Brief immer noch was richtig tolles. :)

Slaymatic — 25.10.2007, 10:37

Also ich schreib ganz klar nur noch mit Computer. Es geht wesentlich schneller und aufgrund des digitalen Zeitalters in dem wir leben, finde ich es auch überhaupt nicht schlimm, wenn man mit dem Computer Briefe schreibt.
Zu ganz besonderen Anlässen sind aber auch handgeschriebene Briefe für mich eine Option.

Sheffe — 25.10.2007, 10:43

Ganz klar email … Brief is mir zu streßig, denn ich habe kein bock da imma zur post zu rennen und briefmarken zu kaufen … da schalt ich liba den pc ein und schrei ne mail … is au billiger als so n brief … und wenn man kein internet hat … gibet es da noch die schule … dort kann man ja au ins i-net gehen von daher is der klare sieger mail *klugscheiss*

cheese-cake — 25.10.2007, 17:42

Meistens E-Mail. Doch bei Bewerbungen oder ähnlich wichtigen Sachen benutze ich dann doch die gute alte Brief-Methode …

Aufgabe

1. Untersuchen Sie den Chat im Hinblick auf verschriftlichte Mündlichkeit. Untersuchen Sie weiterhin die Orthografie und die Interpunktion.
2. Untersuchen Sie auch Ihre eigene Chat-Kommunikation nach Merkmalen konzeptioneller Mündlichkeit.
3. Chat-Protokolle – getippte Gespräche? Nehmen Sie Stellung.
4. Brief oder Mail? Erörtern Sie die Vor- und Nachteile. Berücksichtigen Sie dabei auch die Sprachverwendung.

4 Chat-Protokolle – getippte Gespräche?

Lektüretipp

1. Unter *http://www.mediensprache.net/de/* finden Sie auf der Internetseite des Deutschen Seminars der Leibniz-Universität Hannover das Projekt Sprache@web.

2. Unter *http://www.mediensprache.net/de/websprache/chat/analysis/index.asp* finden Sie die Analyse einer Chat-Kommunikation mittels eines Chat-Analysators.

3. Jennifer Bader: Schriftlichkeit und Mündlichkeit in der Chat-Kommunikation, Bamberg 2002 (Gesprächsanalyse nach Henne/Rehbock). (*http://www.mediensprache.net/de/networx/docs/networx-29.asp*)

Übersicht

Merkmale der Chat-Kommunikation

Zeichentyp	graphisch
Kommunikationsrichtung	wechselseitig → stark dialogisch
Anzahl Kommunikationspartner	variabel
Räumliche Dimension	Distanz, wobei ein gemeinsamer Kommunikationsraum besteht
Zeitliche Dimension	quasi-synchron
Kommunikationsmedium	vernetzter Computer Synchronizität führt zu spontaneren, sprachlich weniger reflektierten, weniger geplanten Äußerungen, aber auch zu Tippfehlern und zu **Sprachökonomie.** *Verniedlichung ...*
Motto	Schreib, wie du sprichst./Schreib so schnell, wie du kannst.

Kompetenzen

Was Sie wissen müssen:

- Medium, Kommunikationsform, Textsorte
- mediale und konzeptionelle Schriftlichkeit, mediale und konzeptionelle Schriftlichkeit
- synchrone, quasi-synchrone und asynchrone Kommunikation

Was Sie können müssen:

- Sie können Erscheinungen des veränderten Sprachgebrauchs und des Sprachwandels in der mediengestützten Kommunikation untersuchen und im Kontext des gravierenden Wandels in der mediengestützten (computer- und handybasierten) Kommunikation der letzten Jahrzehnte erläutern.
- Sie können Kommunikationsformen (E-Mail), medienspezifische Textarten (Geschäftsbrief, privater E-Mail-Text, SMS-Text) und Diskurse (Chat-Protokoll) unterscheiden, in ihren kommunikativen Funktionen würdigen und die jeweils spezifische Sprachverwendung untersuchen.
- Sie können Texte im Hinblick auf Merkmale von Mündlichkeit/Schriftlichkeit strukturiert und kriterienorientiert untersuchen und dabei jeweils nach konzeptioneller und medialer Mündlichkeit und Schriftlichkeit unterscheiden.
- Sie kennen wesentliche Kritikpunkte im Hinblick auf die computer- und handygestützten Kommunikationsformen bzw. im Hinblick auf entsprechende Textsorten und Diskursarten und können argumentativ damit umgehen.

Gespräch oder Geschwätz? –
Kommunikation am Beispiel des TV-Formats „Talkshow"

Problemhorizont

Kommunikation in Talkshows

Bei der Vielzahl und Vielfalt an Talkshows – es sind etwa 80 pro Woche –, die quer durch alle Fernsehprogramme vorzufinden sind, lässt sich die Frage nach der inhaltlichen Qualität dieses inzwischen alltäglichen Fernsehformates genauso wenig pauschal beantworten wie die Frage nach der Qualität der Gespräche in einer Talkshow.

Grundsätzlich entscheidend ist im Hinblick auf die Erwartungen an die Qualität einer Talkshow, dass es sich bei dem TV-Format Talkshow – wie der Begriff bereits andeutet – überwiegend um eine Unterhaltungssendung handelt. Im britischen Englisch wird dafür der eindeutigere Begriff „Chat Show" verwendet. Eine Talkshow ist also nichts anderes als eine Unterhaltungssendung in Gesprächsform.

Je nach dem Inhalt der Kommunikation (Politik, Prominenz oder Intimität/Privatheit) lassen sich nach Plake (1999, S. 32 ff.) Talkshows in drei Kategorien einteilen:
- Bei *Debattenshows* geht es vorwiegend um Themen von öffentlichem Interesse, insbesondere um Politik („*Polit-Talk*"). Beteiligte sind Betroffene und Entscheidungsträger sowie Experten.
- Bei *Personality-Shows* stehen meist prominente Persönlichkeiten im Mittelpunkt.
- *Bekenntnisshows* (auch als „*Daily Talks*", „*Confessional-Talkshows*" oder „*Affekt-Talks*" bezeichnet) behandeln oft emotional besetzte, manchmal tabuisierte Alltagsthemen, die von nicht-prominenten Gesprächsteilnehmern diskutiert werden. Dabei kommt der Person des Moderators eine zentrale Bedeutung zu.

Vor dem Hintergrund größer gewordener Konkurrenz zwischen den Fernsehsendern wurde das TV-Format Talkshow vor allem in den 90er Jahren verstärkt zur Programmprofilierung eingesetzt. Dadurch haben sich die Talkshowformate und deren Themen stark verändert. Vor allem die Thematisierung von Privatem/Zwischenmenschlichem und die Verletzung von Werten und Tabus sind typisch für die Daily Talks geworden und werden als Aufmerksamkeitsstimuli eingesetzt. Kritiker sprechen in diesem Zusammenhang von Affektfernsehen (Personalisierung, Authentizität, Intimisierung und Emotionalisierung) und Prolo-Touch.

Während ein Teil der Kritiker das Ende der Gesprächskultur beklagt, behauptet der andere Teil, dass in Talkshows ein Gespräch, das auf die Klärung allgemeiner Problemstellungen abziele, überhaupt nicht stattfinden könne und auch nicht intendiert sei. Das Ziel einer kompromissorientierten und problemlösenden Diskussion werde daher bewusst und zur Erzielung einer entsprechenden Einschaltquote aufgegeben.

Gespräch oder Geschwätz? Oder ist sogar überhaupt kein problemlösendes, sachorientiertes Gespräch im institutionellen Rahmen einer Talkshow beabsichtigt?

Im folgenden Kapitel soll – unter Anwendung linguistischer Analysen von Gesprächen ihm Rahmen von Talkshows – die Kommunikation am Beispiel des TV-Formats Talkshow genauer untersucht werden.

1   Die Talkshow

Text

Katharina Erz: Die Talkshow

Talkshows lassen sich zusammenfassend durch folgende Merkmale charakterisieren:
- Die Sendungen bestehen ausschließlich aus der Präsentation der Kommunikation zwischen einem oder mehreren Gästen und einem Moderator bzw. einem Moderatorenteam.
- Die Gespräche werden vor einem Studiopublikum inszeniert, welches, je nach konzeptioneller Ausrichtung der Sendung, am Gespräch beteiligt werden kann.
- Durch die praktisch öffentliche Unterhaltung, verknüpft mit dem Live-Charakter der Sendungen, wird der Zuschauer unterhalten (im doppelten Sinne).
- Die Themen der dargestellten Gespräche können sowohl personen- als auch sachbezogen sein. (…)

Es ist unabdingbar für die Gesprächsführung in der Talkshow, den Gästen Gelegenheit zur öffentlichen Selbstdar-
stellung zu geben. Gleich, welchen Gegenstand die Talkshow zum Thema hat, und gleich, ob die Show auf eine Konfrontation der Gäste, auf einen Meinungsaustausch zu aktuellen politischen Themen, zu Modetrends oder sexuellen Abnormitäten ausgerichtet ist – es geht immer um die Aufwertung der Bedeutung dessen, was die Gäste im realen Leben sind und was sie dazu äußern.

Dies geschieht dadurch, dass man ihnen ein öffentliches Forum schafft. Dementsprechend gerne sind Politiker und
andere Prominente zu Gast bei Talkshows, weil ihr gesellschaftlicher Marktwert in hohem Maße von ihrer Popu-larität abhängt. Werden in Talkshows Gäste eingeladen, die ihre Popularität dem Medium Fernsehen verdanken, werten das Medium selbst und die konkrete Show ihre gesellschaftliche Rolle auf, indem sie die Prominenten nicht nur als Gäste begrüßen, sondern hintergründig auch als ihr Produkt präsentieren. Dieser selbstreferenzielle Charak-ter der Talkshow wird besonders ersichtlich, wenn etwa ein Talkmaster als Prominenten einen anderen Talkmaster zu Gast hat. Dabei gibt die Talkshow ihren prominenten Gästen Gelegenheit, sich öffentlich als alltäglich darzustel-len, indem sie sich zu alltäglichen Angelegenheiten äußern, mit denen die Prominenten und die nicht-prominenten anonymen Zuschauer gleichermaßen konfrontiert werden: Termindruck, Stress, Ärger mit Kollegen und Vorgesetz-ten. Diese scheinbare Alltäglichkeit wiederum fördert die Popularität.

Eine andere Zielsetzung der Selbstdarstellung im Gespräch liegt dann vor, wenn es um den „Talk" mit Gästen
geht, die nicht prominent sind. Die Diskrepanz zwischen gesellschaftlichem Alltag, respektive Status, und der Aufwertung der Bedeutung der eigenen Person und der eigenen Äußerungen ist in diesem Fall erheblich höher als bei Prominenten, für die der Fernsehauftritt meist alltäglich ist. Der nicht-prominente Gast und das Publikum sollen diese Form der öffentlichen Präsentation von Äußerungen alltäglicher Personen zu alltäglichen Themen als Aufwertung ihres eigenen Alltags und ihres eigenen „Sozialstatus" interpretieren.

Eine dritte Variante des „Talks" besteht darin, dass nichtprominente Gäste sich zu nicht-alltäglichen Themen
äußern, die häufig dem Bereich gesellschaftlicher Tabuzonen entlehnt werden (abnormes Sexualverhalten, Krimi-nalität, psychische Krankheiten etc.). Die Motivation der Studiogäste kann sowohl provozierende Akzentuierung des Andersseins als auch das Bestreben nach sozialer Integration sein. Darüber hinaus können auch Motive wie Selbstdarstellung, Selbsterfahrung, Appell, Enttäuschung und Vergeltung eine Rolle spielen, die jedoch im Rahmen der formalen Bestimmung der Talkshow keiner näheren Erläuterung bedürfen (vgl. Landesanstalt für Rundfunk Nordrhein-Westfalen 1996, S. 24–29). Die Varianz der Themen, der Trends und der Gäste soll vor allem eines vermitteln: Potenziell kann jede Person und jede ihrer Äußerungen von öffentlichem Interesse sein. Anders könnte die „Talkshow-Maschinerie" nicht laufen, denn bei einer sich weiter diversifizierenden Medienlandschaft müs-sen die Talkshows unablässig neue Themen und Gäste produzieren. Dies kann nur dann funktionieren, wenn die Talkshows den Fernsehzuschauern Anreize geben, sich selbst als Gäste der Show zu sehen. Die Differenz zwischen der außergewöhnlichen Situation des medial inszenierten Talks und dem Alltag des Zuschauers muss minimiert werden, darf aber nicht verschwinden. Würde sie ganz verschwinden, könnte der Zuschauer dem Verlauf des Gespräches nicht mehr mit Spannung folgen, weil er ihm zu alltäglich wäre. (…)

Die Gesprächsführung seitens des Moderators oder der Moderatorin und die Organisation des Gespräches ver-
laufen im Sinne des bereits charakterisierten „Talks". Der Moderator stellt Fragen (interviewt), stellt thematische Überleitungen von den Beiträgen des einen zu den Beiträgen des nächsten Gastes her, bringt den Dialog in Gang, moderiert und beendet ihn. Indem er sich so zurücknimmt, dass er das Gespräch zwar strukturiert, aber inhaltlich eine neutrale Haltung einnimmt, beeinträchtigt er die Selbstdarstellung der Gäste nicht. Seine Haltung ist die des, je nach Art des Gespräches, einfühlsamen, interessierten Zuhörers. Seine Haltung soll möglichst konsensfähig sein in Bezug auf eine angenommene Meinung einer Majorität der Zuschauer. Dementsprechend müssen sich seine Kommentare gestalten. So kann es z. B. zu einem Konflikt kommen zwischen der Forderung, die Selbstdarstellung

des Gastes nicht zu beschränken und der Annahme, dass die Majorität der Fernsehzuschauer genau eine solche Exekution fordert. Dann freilich hat der Moderator sich an Letzterem zu orientieren und die Äußerungen des Gastes kritisch zu bewerten, moralisch zu verurteilen oder gar zu unterbinden – sonst nämlich leidet die Selbst-
55 darstellung des Moderators unter diesem Versäumnis, die zwar eine diskrete, aber aufgrund seiner permanenten Präsenz und seiner zentralen, exponierten Position dennoch eine ausgeprägte ist.

Was die Gesprächsorganisation betrifft, so schafft der Moderator eine Struktur, die, im Gegensatz zur üblichen Gesprächssituation, jedem Gast die Möglichkeit einer unbeeinträchtigten Selbstdarstellung im Monolog gibt, in dessen Verlauf die gesamte Aufmerksamkeit dem Vortragenden gilt. Dieser Monolog wird initiiert durch den
60 Moderator, dessen Frage dem Gast Gelegenheit zur Vorstellung seiner Person und Darlegung seiner Auffassungen gibt. Erst im Anschluss an diesen Monolog, gegebenenfalls an eine Vorstellungsrunde der Gäste, leitet der Moderator den Meinungsaustausch ein, der um so unterhaltsamer ist, je vielfältiger die zum Ausdruck kommenden Haltungen sind und desto kontroverser sie diskutiert werden. Wie für die klassischen Showformen gilt auch für die Talkshow, dass Abwechslungsreichtum den Unterhaltungswert steigert (…)

65 Die beschriebene Gesprächsstrukturierung ist im Interesse einer als unterhaltsam wahrgenommenen Selbstdarstellung der Gäste und einer als unterhaltsam wahrgenommenen Meinungspluralität vergleichsweise konstant. Die Varianten des „Talks" hängen allerdings maßgeblich davon ab, welche Art der Selbstdarstellung die Gäste und ein angenommenes Fernsehpublikum bevorzugen.

So erklärt sich die Verzweigung der Talkshow in Unterarten, die von spezifischen Vorlieben bezüglich der Selbstdar-
70 stellung auf seiten der Gäste und des Publikums ausgehen. „Confrontation-Talks" wie etwa *Explosiv – Der heiße Stuhl* bauen darauf, dass der Gast seine Selbstdarstellung auf das „Sich-Bewähren" in der Konfrontation, im Streit aufbaut. Die Selbstdarstellung konzentriert sich hier auf eine bestimmte Eigenschaft, die der Gast besonders hervorheben will. Es geht dabei weniger um die Aussagen selbst als vielmehr um ihren provokativen Gehalt und mehr um den Streit als die Darlegung von Meinungen. (…)

75 Talkshows sind zu etwas Selbstverständlichem in unserer Freizeit geworden. Bei der Verrichtung alltäglicher Dinge läuft im Hintergrund ein Fernsehprogramm, das uns unaufdringlich „berieselt". Beiläufig, „im Vorübergehen" und „aus den Augenwinkeln betrachtet" werden Talkshows unser „Begleitservice". Wir sind allein und doch in Gesellschaft, können an der Kommunikation Anteil nehmen, ohne an ihr teilnehmen zu müssen. Es ist ein Zerstreuungs-*Angebot*. Die Themen der Talkshows sind bekannt, vertraut und fordern daher nicht unsere ganze Aufmerksam-
80 keit. Sie sind nicht spektakulär oder anspruchsvoll.

(…) Die Talkshow ersetzt nicht stattfindende Kommunikation und bietet dem Zuschauer die Möglichkeit, im raschen Wechsel verschiedene Identifikationsangebote durchzuspielen, welche die „Talk"-Gäste durch ihre Äußerungen zu einem vorgegebenen Thema konstituieren. Die exklusive Distanz des Fernsehzuschauers erlaubt diesem, anders als innerhalb einer realen Gesprächssituation einige Freiheiten. Er hat weder die Verpflichtungen eines Gas-
85 tes (Höflichkeit, Gesprächsbereitschaft etc.) noch die des Gastgebers (Gäste unterhalten und versorgen) und kann jederzeit abschalten. War die Show einst das Besondere und das Gespräch das Alltägliche, ist heute die Show das Alltägliche und das Gespräch das Außergewöhnliche. Show und Unterhaltung haben nicht nur soziale Situationen, sondern den Alltag selbst ersetzt. Die Talkshow ist Teil einer Entwicklungsphase, die von der *Show als besondere Darbietung* für ein an einem Ort versammeltes Publikum zur *Show als Selbstdarstellung* für ein geographisch zer-
90 streutes Publikum führt. Dank der beliebigen Stationierbarkeit von Empfangsgeräten erreicht uns die Show überall und jederzeit, wenn wir uns nur zuschalten. Sie verwandelt den Menschen in eine „Immobilie". Die Show wird zum permanenten Angebot für ein potenziell immer erreichbares und aufnahmebereites Publikum.

1) öffentliche Kommunikation, die des Unterhaltung dient

Aufgabe

1. Erläutern Sie das „Wesensmerkmal" einer Talkshow.

2. Erläutern Sie die Funktion der Möglichkeit zur Selbstdarstellung in einer Talkshow. Unterscheiden Sie dabei nach prominenten und nichtprominenten Gästen.

3. Erläutern Sie das Funktionieren der „Talkshow-Maschinerie" (Z. 38).

4. Halten Sie die Tätigkeiten und das Sprachhandeln einer Moderatorin/eines Moderators im Verlaufe einer Talkshow-Sendung fest. Markieren Sie dann die „neuralgischen Punkte" einer Moderation.

5. Erläutern Sie die Existenz zahlreicher Talkshow-Varianten auf dem Hintergrund der Selbstdarstellungsmöglichkeiten.

6. „Talk" statt Kommunikation? Unterstreichen Sie die zentralen Thesen im letzten Textabschnitt. Überprüfen Sie die Thesen anhand Ihnen bekannter Talkshows.

2 Was ist ein gutes Gespräch? – Das Kooperationsprinzip und die Grice'schen Konversationsmaximen

Gespräch oder Geschwätz? Zur Bewertung der Qualität von Gesprächen generell – und speziell in Talkshows – soll hier zunächst die Frage nach den Grundanforderungen an ein argumentativ-sachliches, gelingendes Gespräch gestellt werden. Den Bezugsrahmen dafür sollen das **Kooperationsprinzip** und die **Grice'schen Konversationsmaximen** darstellen.

Das von dem englischen Philosophen Paul Grice formulierte **Kooperationsprinzip** bezieht sich im Rahmen der Sprachwissenschaft darauf, wie Menschen bei der sprachlichen Kommunikation miteinander interagieren: „Wir können demnach ganz grob ein ganz allgemeines Prinzip formulieren, dessen Beachtung (…) von allen Teilnehmern erwartet wird, und zwar: Mache deinen Gesprächsbeitrag jeweils so, wie es von dem akzeptierten Zweck oder der akzeptierten Richtung des Gesprächs, an dem du teilnimmst, gerade verlangt wird. Dies könnte man mit dem Etikett Kooperationsprinzip versehen." (Paul Grice: Logik und Konversation. In: Georg Meggle (Hrsg.): Handlung, Kommunikation, Bedeutung. Frankfurt a. M., S. 248)

Gespräche werden als kooperative Interaktion verstanden:
- die Beteiligten haben ein unmittelbares gemeinsames Ziel haben,
- die Gesprächsbeiträge sollen zueinander passen,
- die Interaktion soll fortgesetzt werden, bis beide Seiten damit einverstanden sind, dass sie beendet werden soll.

Die **Grice'schen Konversationsmaximen** sind vier von Paul Grice in Anlehnung an Kants Ethik aufgestellte Grundsätze innerhalb des Kooperationsprinzips, von denen der Hörer in einem rationalen Gespräch annimmt, dass sie befolgt werden (ohne dass das der Fall sein muss).

Grice'sche Konversationsmaximen	
Maxime der Quantität	1. Gestalte deinen Beitrag so informativ, wie es für das Gespräch erforderlich ist. 2. Gestalte deinen Beitrag nicht informativer, als es für das Gespräch nötig ist.
Maxime der Qualität	Obermaxime: Versuche, Gesprächsbeiträge zu machen, die wahr sind. Insbesondere: 1. Sage nichts, was du für falsch hältst. 2. Sage nichts, wofür dir angemessene Gründe fehlen.
Maxime der Relevanz	Mache einen für den Gesprächsverlauf relevanten Beitrag.
Maxime der Modalität	Obermaxime: Sprich klar und verständlich! 1. Vermeide Unverständlichkeit 2. Vermeide Mehrdeutigkeit. 3. Fasse dich kurz und vermeide unnötige Weitschweifigkeit. 4. Vermeide Ungeordnetheit. Strukturiere deine Beiträge.

Aufgabe

1. Erläutern Sie das Kooperationsprinzip und die Grice'schen Konversationsmaximen anhand von Beispielen aus der Alltagskommunikation und aus Talkshows.

2. Nennen Sie sprachliche Äußerungen, die als nicht kooperativ zu bewerten sind und eine Missachtung der Maximen bedeuten.

3. Definieren Sie den Begriff „Gesprächskompetenz": „Gesprächskompetenz ist die Fähigkeit, …"

4. „Das echte Gespräch bedeutet: aus dem Ich heraustreten und an die Tür des Du klopfen." (Albert Camus, 1913–1960) Erläutern Sie das Zitat von Albert Camus. Beziehen Sie sich dabei auch auf das Kooperationsprinzip und die Grice'schen Konversationsmaximen.

3 Linguistische Gesprächsanalyse nach Henne/Rehbock

Um die Gespräche, die im Rahmen einer TV-Talkshow stattfinden, durch eine linguistische Analyse auf ihre Qualität hin untersuchen zu können, wird zunächst der gesprächsanalytische Ansatz von Helmut Henne/Helmut Rehbock kurz skizziert. Die Sprachwissenschaftler haben in ihrer „Einführung in die Gesprächsanalyse" (Berlin/New York 1978) folgende Systematik mit drei Kategorienebenen zur Analyse von Gesprächen vorgestellt.

Text

Systematik von Henne/Rehbock

1. Kategorien der Makroebene: Gesprächsphasen (-stücke, -teile)
   - 1.1 Gesprächseröffnung
   - 1.2 Gesprächsbeendigung
   - 1.3 Gesprächs-„Mitte" (Entfaltung des Hauptthemas und der Subthemen)
   - 1.4 Gesprächs-„Ränder" (Nebenthemen, Episoden)

2. Kategorien der mittleren Ebene
   - 2.1 Gesprächsschritt („turn")
   - 2.2 Sprecher-Wechsel („turn-taking"): Regeln der Gesprächsfolge
   - 2.3 Gesprächssequenz
   - 2.4 Sprechakt/Hörverstehensakt
   - 2.5 Gliederungssignal
   - 2.6 Back-channel-behavior

3. Kategorien der Mikroebene
   Sprechaktinterne Elemente: syntaktische, lexikalische, phonologische und prosodische Struktur

Back-channel-behavior = Rückmeldeverhalten, z. B. „okay"

prosodisch = sprachliche Lauteigenschaften wie Akzent, Intonation, Pausen

Aufgabe

Erläutern Sie das Modell von Henne/Rehbock mit Hilfe der folgenden Grafik und der Gesprächskarten auf S. 77. Weitere hilfreiche Erläuterungen finden Sie in der „Einführung in die Gesprächsanalyse" von Henne/Rehbock im Kapitel „Kategorien der Gesprächsanalyse" (S. 12–21).

SV = Situationsvariante

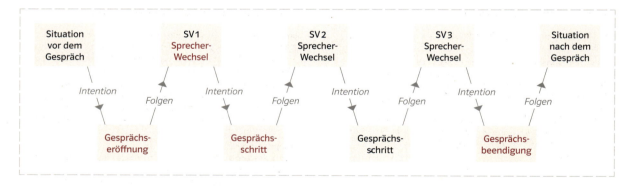

3 Linguistische Gesprächsanalyse nach Henne/Rehbock

Karte 1: Gesprächsphasen

Die Gesamtstruktur eines Gesprächs wird in der Regel durch die Gesprächsphasen gebildet (Gesprächseröffnung, Gesprächsmitte bzw. Gesprächsränder, Gesprächsbeendigung). Die Gesprächsphasen setzen sich aus Gesprächssequenzen zusammen; diese bestehen aus den elementaren Einheiten eines Dialogs, den Gesprächsschritten. Zwischen diesen Strukturelementen bestehen Beziehungen, durch die der „Sinn" eines Gesprächs als Ziel der kommunikativen Handlungen entwickelt wird.

Eröffnungsphase: Kontaktherstellung und -sicherung (Begrüßung und Herstellung der Gesprächsbereitschaft). Mit Einführung eines Themas geht das Gespräch in die Kernphase über.

Kernphase: Im Mittelpunkt stehen Initiierung, Entfaltung und Behandlung von (verschiedenen) Themen.

Beendigungsphase: Das (letzte) Thema wird gemeinsam abgeschlossen.

Karte 2: Gesprächsschritt („turn")

Äußerungseinheit in einem Gesprächstext („alles das, was ein Individuum tut und sagt, während es an der Reihe ist"), meist begrenzt durch den Sprecherwechsel.

Der Gesprächsschritt gilt in der Gesprächsanalyse als elementare Einheit.

Der Umfang von Gesprächsschritten ist sehr unterschiedlich (von einzelnen Wörtern bis zu mehreren Sätzen) (Henne/Rehbock 1979: 174). Bei dem Wechsel von Gesprächsschritten unterscheiden Henne/Rehbock:
- Wechsel nach Unterbrechung,
- glatter Wechsel (fugenlos, überlappend, zäsuriert durch Wechselsignal),
- Wechsel nach Pause.

Die Pause kann auch durch einen neuen Gesprächsschritt des bisherigen Sprechers beendet werden oder bei andauerndem Schweigen aller Beteiligten das Gespräch abschließen.

Das Feststellen der Häufigkeit und des Umfangs einzelner Gesprächsschritte ermöglicht Untersuchungen von Interaktionsstrukturen.

Karte 3: Sprecherwechsel („turn-taking")

Strukturierungs- und Organisationskategorie in der Gesprächsanalyse

Durch den Sprecherwechsel wird im Gespräch der Sprecher-Hörer-Rollenwechsel vollzogen, werden die Grenzen von Gesprächsschritten markiert. Die Übernahme der Rolle des Sprechers wird nach Henne/Rehbock (1979: 190) in folgender Weise geregelt:
- durch Selbstwahl nur am Ende eines Satzes statthaft,
- durch Fremdwahl, entweder durch den bisherigen Sprecher oder (bei institutionalisierten Gesprächen) durch den Gesprächsleiter.

Karte 4: Gesprächssequenz

Strukturierung eines Gesprächs in Paar-Sequenzen (aufeinander bezogene Nachbarschaftspaare) mit 1. und 2. Schritten z. B. Frage – Antwort, Vorwurf – Rechtfertigung.

Sequenz-Struktur hat hohen Verbindlichkeitsgrad, fehlende zweite Schritte werden schnell erkannt und sanktioniert, auch Schweigen kann als zweiter Schritt interpretiert werden.

Prinzipieller Paarcharakter von Gesprächsschritten (als „Skelett" eines Gesprächs): Turns haben einen Bezug zum vorangehenden und zum folgenden Turn, bilden mit diesen Sequenzen. Enthält ein sequenzeinleitender Gesprächsschritt z. B. eine Beleidigung, dann wird damit dem Gesprächspartner signalisiert, dass ein ernsthaftes Gespräch nicht intendiert ist.

Manche Sequenzen sind stark ritualisiert (Gruß – Gegengruß), andere eröffnen Alternativen der Reaktion (Vorwurf – Rechtfertigung/Gegenvorwurf/Eingeständnis/Entschuldigung etc.).

Karte 5: Sprechakt/Hörverstehensakt

Beteiligungsrollen im Gespräch

In einem Gespräch gibt es immer Sprecher und Hörer.

Sprecherbeiträge:
a) Gesprächsschritte/„Turns" (alles, was ein Sprecher macht, während er das Rederecht hat),
b) Sprechersignale (Vergewisserungsformeln): wie ne?, gell?

Hörerbeiträge:
a) „Hörersignale" (Rückmeldeverhalten/„Back-channel-behavior"): mhm, ja, okay, ich verstehe, was meinst du damit?,
b) „Einwürfe" (Kurzkommentare/Zwischenrufe, die nicht auf Erlangung des Rederechts abzielen),
c) Gesprächsschrittbeanspruchungen.

Beteiligungsrollen sind viel komplexer als meist angenommen; sie sind situations-, gruppen- und kulturabhängig.

Auch einfachste Gesprächsbeiträge sind komplexe Phänomene, da Sprecher und Hörer stets miteinander interagieren. Sprecher orientieren sich schon bei der Äußerungsplanung am Vorwissen des Hörers.

Höreraktivitäten (z. B. Blickkontakt, Rückfragen) beeinflussen wiederum den Turn des Sprechers.

Karte 6: Gliederungssignal und Rückmeldeverhalten

Gliederungssignale zählen zu den Gesprächswörtern und sind Bestandteil der Alltagsrede. Sie „gliedern den Gesprächsschritt im Sinne des Sprechers, verstärken den Inhalt und bereiten den Sprecherwechsel vor." (Henne/Rehbock 2001:20)

Sie gliedern eine Rede in einzelne Sinneinheiten oder Diskursabschnitte, markieren Anfang, Ende und Absätze eines Abschnittes. Zusätzlich finden sie Verwendung innerhalb eines Redebeitrags als Gliederung (Themenwechsel, neue Informationen) und zur Veranschaulichung.

Man unterscheidet:
- Anfangssignale „also", „ na", „wenn ich dazu etwas sagen darf" , „weißt du schon?",
- Unterbrechungssignale (interne Gliederungssignale) „ne", „nich", „nicht", „gell", „nun gut, das ist das eine",
- Schlusssignale „okay", „basta", „fassen wir zusammen".

Auf Hörerseite steht dem das **Rückmeldeverhalten** (back-channel-behaviour) gegenüber. Der Hörer signalisiert dem Sprecher Aufmerksamkeit, indem er kurze sprachliche (ja, hm) und nichtsprachliche Äußerungen (Blickkontakt, Gestik, Mimik) einbringt und kann damit auf die Kontaktsignale des Sprechers antworten. Kontaktsignale des Sprechers können z. B. Vergewisserungsformeln (nicht? verstehen Sie?) sein.

Gespräch oder Geschwätz? Kommunikation am Beispiel des TV-Formats „Talkshow"

4 Ist das noch ein Gespräch? –
Linguistische Analysen von Gesprächen in TV-Talkshows

Beispiel: „Das literarische Quartett". Die Kontroverse mit Sigrid Löffler

Das „Literarische Quartett" – eine Debattenshow – wurde von 1988 bis 2001 live im ZDF ausgestrahlt. Ein jeweils wechselnder Gast ergänzte die feste Runde mit Marcel Reich-Ranicki, Hellmuth Karasek, Sigrid Löffler und Iris Radisch als deren Nachfolgerin. Sechsmal im Jahr diskutierte das Quartett über literarische Neuerscheinungen. In der Sendung vom 30. Juni 2000 kam es zum Eklat zwischen Marcel Reich-Ranicki und Sigrid Löffler. Anschließend gab Sigrid Löffler bekannt, die Sendereihe zu verlassen.

Text

(Die folgende Transkription wurde leicht bearbeitet, die Satzstellung zugunsten des Leseflusses korrigiert. Reaktionen aus der Diskussionsrunde wie „Gelächter" oder „Beifall" stehen in runden Klammern im Text. Satzabbrüche und Gedankensprünge werden durch Gedankenstriche angezeigt. Passagen, in denen mehrere Teilnehmer gleichzeitig sprechen, sind durch Unterstreichungen gekennzeichnet.)

MRR: Gott sei Dank bin ich nicht so vereinsamt, wie ich es schon befürchtet habe. Noch etwas! Sie sind doch immer für die Rolle der Frau in der Gesellschaft und dergleichen. Ist Ihnen nicht aufgefallen, dass diese ungewöhnlich zarte Frau, in die sich der Mann dann noch einmal verliebt, dass sie die ganze Macht in ihrer Hand hat?

SL: Ach, mein Lieber!

5 **MRR:** Sie dirigiert, sie ist –

SL: *(unterbricht)* Diese Frau ist doch keine realistische Figur, diese Frau ist doch ein Phantasma! Und zwar eine Männerphantasie und nichts anderes!

MRR: Die Frau ist eine poetische Figur.

SL: Sie ist eine Männerphantasie und sie lebt nicht.

10 **MRR:** Ah ja! Das habe ich gewusst! *(Gelächter im Publikum)*. Das ist aus der Sicht der Männer. Ja! Ich weiß, Gretchen und Ophelia und Madame Bovary und Anna Karenina,

SL: Also diese Dame –

MRR: Alles ist aus der Sicht der Männer.

SL: Sie sollten, glaube ich, nicht immer die große Literatur herbeizitieren, wenn wir mit literarischem Fastfood zu 15 tun haben.

MRR: Nein, nein!

SL: Also diese Dame ist eine Männerphantasie und nichts anderes.

MRR: Die Frage ist nur, ob die Männerphantasie so schlecht ist oder ob es vielleicht eine poetische Phantasie ist, eine Phantasie von großer, beachtlicher literarischer Kraft? Sie haben dafür kein Sinn, es hat gar keinen Zweck. 20 Wir reden alle, zweimal jährlich kommt ein Liebesroman vor, und Sie sagen empört, das gehört gar nicht hierher. Ich weiß gar nicht, Sie halten die Liebe für etwas anstößig Unanständiges, aber die Weltliteratur befasst sich nun mal mit diesem Thema. (…)

SL: Und nicht mit persönlichen Unterstellungen arbeiten!

MRR: Frau Löffler, Sie haben nicht gemerkt, dass ich über eine rein literarische –

25 **SL:** *(unterbricht)* Nein, Sie haben mit persönlichen Unterstellungen gearbeitet.

MRR: Ich habe mit keiner Kategorie, ja –

SL: Das finde ich absolut unfair und das geht auch nicht!

HK: Nein, das geht auch nicht. *(Beifall des Publikums)* (…)

78

4 Ist das noch ein Gespräch? – Linguistische Analysen von Gesprächen in TV-Talkshows

Aufgabe

1. Untersuchen Sie mittels einer linguistischen Gesprächsanalyse – unter Einbeziehung des Kooperationsprinzips und der Grice'schen Konversationsmaximen – die Qualität des Gespräches im vorliegenden Gesprächsauszug. Achten Sie dabei insbesondere auf die Positionen, die MRR und SL beziehen, und wie sie miteinander kommunikativ umgehen.

2. Untersuchen Sie das kommunikative Handeln des Moderators und bewerten Sie es im Hinblick auf das Kooperationsprinzip und die Grice'schen Konversationsmaximen. Achten Sie dabei besonders auf sequenzeröffnende Gesprächsschritte, die signalisieren, dass ein ernsthaftes Gespräch nicht intendiert ist (z. B. Beleidigungen, Unterstellungen).

3. Formulieren Sie bei eventuellen Verstößen gegen das Kooperationsprinzip und bei Imageverletzungen alternative Gesprächsbeiträge und begründen Sie deren Gestaltung kurz.

4. Unterziehen Sie die Talkshow „Das literarische Quartett" einer kritischen Bewertung. Beantworten Sie in diesem Zusammenhang auch die Frage nach der Qualität der „Gesprächskultur".

Tipp zur Weiterarbeit

1. Die vollständige Transkript der Sendung „Das literarische Quartett" finden Sie im Online-Bereich von Klett. Den Fernsehmitschnitt der Sendung können Sie abrufen unter *http://www.youtube.com/watch?v=sWk25aCjRnQ*

Online Link
· Zusatztext
Das literarische
Quartett
347493-0005

2. Untersuchen Sie eine Sendung der politischen Talkshow „Hart aber fair". Alle Sendungen stehen zur Verfügung unter *http://www.wdr.de/themen/homepages/webtv.jhtml?projekt=4&noflashrefresh=1&rubrikenstyle=politik* Rufen Sie z. B. das Video-Podcast der Sendung „Blutige Trümmer in Gaza. Wie weit geht unsere Solidarität mit Israel?" auf. Klicken Sie im Menü zunächst auf die Rubrik „Vorstellung der Gäste". Bewerten Sie die Auswahl der Talkshow-Gäste im Hinblick auf das Zustandekommen einer sachorientierten und problemlösenden Diskussion.

3. Ist Frank Plasberg wirklich „hart aber fair"? Untersuchen und bewerten Sie das Verhalten des Moderators.

4. Vergleichen Sie Ihre Erkenntnisse mit dem Artikel von Carolin Emcke „Der große Korrektor". Den Text finden Sie im Online-Bereich von Klett.

Online Link
· Zusatztext
C. Emcke
347493-0006

Kompetenzen

Was Sie wissen müssen:

- TV-Formate Talkshow: Debattenshow, Polit-Talk, Personality-Show, Bekenntnis-Show, Daily-Talk, Affekt-Talks, Confro-Talks, Trash-Talk
- Merkmale gelingender Gespräche: Kooperationsprinzip, Grice'sche Konversationsmaximen
- Grundbegriffe der linguistischen Gesprächsanalyse: Gesprächsphasen (Eröffnungsphase, Kernphase, Beendigungsphase), Gesprächsschritte (Sprecherwechsel), Gesprächssequenz, Beteiligungsrollen im Gespräch (Sprechakt/Hörverstehensakt), Gliederungssignale und Rückmeldeverhalten

Was Sie können müssen:

- Sie kennen die Besonderheit von medialen Gesprächen in Talkshows im Rahmen der institutionellen Kommunikationsstruktur einer Talkshow.
- Sie können Talkshows auf Grund ihrer Kommunikationsstruktur den verschiedenen Grundtypen zuordnen.
- Sie kennen zentrale Kritiken am TV-Format Talkshow.
- Sie können Gespräche segmentieren und (Gesprächsauszüge) strukturiert nach linguistischen Kriterien analysieren und unter Bezugnahme auf die Grice'schen Konversationsmaximen bewerten.
- Sie können gesprächshemmende und gesprächsfördernde Elemente in Kommunikationszusammenhängen bestimmen.

Textquellen:

S. 7: Bastian Sick: Schweizgebadet, http://www.spiegel.de/kultur/zwiebelfisch/0,1518,543269,00.html (abgerufen am 26. 3. 2008).

S. 8 f.: Ulrich Ammon: Die nationale Variation des Standarddeutschen, in: (Der Deutschunterricht 1/2004, S. 12 ff.

S. 10: Beispiel 4: Sven Regener: Herr Lehmann, Frankfurt a. M.: Eichborn Verlag 2001; Beispiel 8: Gerhart Hauptmann: Die Ratten, Copyright Ullstein Verlage Berlin 2004; Beispiel 9: Norbert Dittmar/Ursula Bredel: Die Sprachmauer, Berlin: Weidler Verlag 1999; Beispiel 5: Berliner Klopsgeschichte, in: Ewald Harndt: Französisch im Berliner Jargon, Berlin 1990, Jaron Verlag.

S. 15 f.: Eckart Frahm: Warum sprechen wir Dialekt (Interview), aus: Fluter. Oktober 2004, Bonn: Bundeszentrale für politische Bildung.

S. 16: Richard Schneider: Regiolekte verdrängen Dialekte, aus: http://www.uebersetzerportal.de/nachrichten/n-archiv/2003/2003-07/2003-07-15.htm (abgerufen am 4. 6. 2009).

S. 17: Jörg Lau: Die Macht der Jugend, aus: DIE ZEIT vom 11. 8. 2005, Nr. 33.

S. 18 f.: Jannis K. Androutsopoulos: Szenesprachen, aus: TIP Berlin, 2/2001, S. 33 f.

S. 20: Klaus Lübbe: Kanaksprak, aus: Die Welt vom 5. 4. 2006.

S. 21: Reiner Pogarell: Mittelgroße Katastrophe, aus: VDS Sprachnachrichten, Nr. 37/März 2008.

S. 22: Werbeanzeige Bebe, aus: http://www.bebe.de/produkte.asp?dl=meinungen (abgerufen am 6. 5. 2009).

S. 23: Tabelle: Semantische Aufwertungen, aus: http://www.teachsam.de/pro/pro_werbung/werbesprache/anzeigenwerbung/pro_werbung_anz_3_4_2_3_2.htm (abgerufen am 6. 5. 2009).

S. 24: Andreas Amsler: Werbesprache und ihre Kommunikations-bedingungen, aus: Christa Dürscheid/Jürgen Spitzmüller: Zwischen-töne. Zur Sprache der Jugend in der Deutschschweiz, Zürich: Verlag Neue Zürcher Zeitung 2006.

S. 25: Giovanni Trapattoni: Ich habe fertig, aus: http://www.kasper-online.de/docs/trap/index.htm (abgerufen am 6. 5. 2009).

S. 26: Raymond Queneau: Stilübungen, Frankfurt a.M.: Suhrkamp Verlag 1949. Übersetzer: Ludwig Harig & Eugen Helmlé.

S. 27: Tabelle Stilschichten, aus: Duden: Das Synonym-Wörterbuch, Band 8, Mannheim: Bibliographisches Institut 2006.

S. 28: Beispiel 2: Klassen im Kampf: Süddeutsche Zeitung vom 13. 11. 2008; Beispiel 4: Uwe Tellkamp: Der Turm, Frankfurt a. M.: Suhrkamp Verlag 2008, S. 9; Beispiel 3: Für die von euch: Auszug aus einem Internetforum: Blue Lion. 27. 07. 2008. 20.39).

S. 30: Manuel Charisius: Sprachregister, aus: http://manuel-charisius.de/blog/ (abgerufen am 6. 5. 2009).

S. 32 f.: Jochen A. Bär: Deutsch im Jahre 2000, aus: Duden Thema Deutsch 1, Mannheim: Bibliographisches Institut 2000, S. 22 ff.

S. 34 f.: Heinrich Löffler: Sprachwirklichkeitsmodell, aus: Heinrich Löffler: Germanistische Soziolinguistik, Berlin: Erich Schmidt Verlag 1994. 3. Auflage 2005, S. 79 f.

S. 37: Mehrsprachigkeit /Mehrsprachigkeit für interkulturellen Dialog und sozialen Zusammenhalt, aus: http://ec.europa.eu/education/policies/lang/doc/com596_de.pdf (abgerufen am 6. 5. 2009).

S. 38 f.: Interview mit Gerhard Stickel: „Europas Reichtum beruht ganz wesentlich auf seiner sprachlichen Vielfalt", Copyright: Goethe-Institut, Online-Redaktion online-redaktion@goethe.de Mai 2006 http://www.goethe.de/lhr/prj/mac/kvi/de1399909.htm) (abgerufen am 6. 5. 2009).

S. 39 f.: Katrin Teschner: Die Staaten bauen am Turm zu Babel, aus: Braunschweiger Zeitung/Salzgitter Zeitung und Wolfsburger Nachrichten, vom 25.08.2008, Braunschweiger Zeitungsverlag.

S. 41: Ulrich Ammon: Deutsch – eine weltweit gelernte, aber in Europa beheimatete Sprache, aus: Goethe –Institut-Online. 12/2008.

S. 42: Mehrsprachigkeit und europäische Werte, aus: http://europa.eu/languages/de/chapter/5
© Europäische Gemeinschaften, 1995–2009.

S. 43: CertiLingua. Quelle: Ministerium für Schule und Weiterbildung des Landes Nordrhein-Westfalen © CertiLingua 2007–2009, http://www.certilingua.net/ (abgerufen am 6. 5. 2009).

S. 43: Peter von Polenz: Die deutsche Sprache im Bereich auswärtiger Geschäftsbeziehungen, aus: Peter von Polenz: Deutsche Sprachgeschichte vom Spätmittelalter bis zur Gegenwart. Band 3, Berlin/New York: de Gruyter Verlag 1999, S. 226.

S. 44: Konrad Ehlich: Deutsch als Wissenschaftssprache für das 21. Jahrhundert, aus: http://www.gfl-journal.de/1-2000/ehlich.html (abgerufen am 6. 5. 2009).

S. 45: Helmut Glück: Deutsch als Wissenschaftssprache, aus: OBST (= Osnabrücker Beiträge zur Sprachtheorie), August 2008, S. 55–64.

S. 47 ff.: Mathias Schreiber: Deutsch for Sale, aus: Der Spiegel vom 2. 10. 2006, Heft 40, S. 182 ff.

S. 52 ff.: Tobias Hürter: Welches Deutsch sprechen wir in fünfzig Jahren? aus: Peter Moosleitners Magazin (PM) 10 / 2008, S. 72 ff.

S. 53: Rudi Keller: Ist die deutsche Sprache vom Verfall bedroht? aus: Aptum 3/2006, http://www.phil-fak.uni-duesseldorf.de/uploads/media/Sprachverfall.pdf, © 1999–2004 Rudi Keller, KELLER@PHIL-FAK.UNI-DUESSELDORF.DE (abgerufen am 6. 5. 2009).

S. 54 f.: Bastian Sick: Stop making sense! (20. 08. 2003). Copyright Spiegel online 2003.

S. 55: André Meinunger: Könnte es doch Sinn machen? aus: André Meinunger: Sick of Sick? Ein Streifzug durch die Sprache als Antwort auf den »Zwiebelfisch« . Berlin: Kadmos Kulturverlag 2008, S. 98 ff.

S. 56: Roland Schmitt: Mein Computer & ich: Mit Klapprechner auf die Heimseite, aus: http://www.mainpost.de/lokales/franken/Mein-Computer-ich-Mit-Klapprechner-auf-die-Heimseite;art20685,4927158 (abgerufen am 23. 4. 2009).

S. 57: Dieter E. Zimmer: Globalesisch, aus: Dieter E. Zimmer: Die Wortlupe. Beobachtungen am Deutsch der Gegenwart. Hamburg: Hoffmann und Campe 2006, S. 85 f.

S. 58: Winfried Davis: Die Geschichte vom ‚schlechten' Deutsch, aus: Der Deutschunterricht 3/2007, S. 52 ff.

S. 59 ff.: Dieter E. Zimmer: Alles eine Sache des Geschmacks? Von wegen! © DIE ZEIT Nr. 31 vom 26. 07. 2007, S. 43.

S. 64: Ulrich Schmitz: Mündlichkeit und Schriftlichkeit, aus: Ulrich Schmitz: Sprache in modernen Medien. Einführung in Tatsachen und Theorien, Themen und Thesen. Berlin: Erich Schmidt Verlag 2004, S. 108 ff.

S. 65: Christa Dürscheid (2004): Synchrone. Netzsprache – ein neuer Mythos. In: Osnabrücker Beiträge zur Sprachtheorie. Thema des Heftes: Internetbasierte Kommunikation. Hrsg. v. Beißwenger, Michael/Hoffmann, Ludger/Storrer, Angelika, 141–157.

S. 66: SMS-Sprachalarm an Schulen, aus: Der Spiegel vom 03. 03. 2003 (http://www.spiegel.de/schulspiegel/0,1518,238539-2,00.html); Ich weiß nicht, was soll es bedeuten, aus: http://www.spiegel.de/schulspiegel/0,1518,238539-2,00.html (abgerufen am 6. 5. 2009).

S. 67: Bastian Sick: Kein Bock auf nen Date? aus: Der Zwiebelfisch. Bastian Sick (9. 4. 2006) http://www.spiegel.de/schulspiegel/wissen/0,1518,411958,00.html.

S. 68: Prof. Dr. Angelika Storrer: Beispieltexte, aus: http://omnibus.uni-freiburg.de/~s8chspie/Dateien/Kommunikation%20neue%20Medien,%20Hausarbeit/Muendlichkeit%20und%20Schriftlichkeit,%20Storrer.pdf.

S. 68 f.: Christa Dürscheid: Merkmale der E-Mail-Kommunikation, aus: Christa Dürscheid: Merkmale der E-Mail-Kommunikation. Duden Thema Deutsch 7. Mannheim: Bibliographisches Institut 2006, S. 104 ff.

S. 73 f.: Katharina Erz: Brot und Spiele? – Die Talkshow. in: tv-diskurs, Heft 05/1998, Baden-Baden: Nomos Verlagsgesellschaft, S. 4 ff.

S. 75: Zitat und Tabelle aus: Georg Meggle (Hrsg.): Handlung, Kommunikation, Bedeutung, Frankfurt a. M.: Suhrkamp Verlag 1993, S. 248 und 243.

S. 76/77: Systematische Übersicht + Karten, aus: Helmut Henne/Helmut Rehbock: Einführung in die Gesprächsanalyse, Berlin/New York: de Gruyter 2001, S. 14.

S. 78: Ausschnitt aus dem Literarischen Quartett, aus: Das literarische Quartett: Transkript der Sendung vom 30. Juni 2000. Digitale Bibliothek 126, Band 3, Berlin: Directmedia Publishing, S. 415 ff.